Ольга Гольдфарб Лев

ХОРОШИЙ БЫЛ ДЕНЬ

Байки американского врача

Филадельфия
2024

Ольга Гольдфарб Лев
Хороший был день.
Байки американского врача.
Филадельфия, 2024. – 378 с.
Предисловие: Виктор Шендерович.
Художник: Ольга Тенякова.
Фото: Юрий Лев и из семейного архива автора.
Все права защищены.

Ольга Гольдфарб Лев — американский детский врач, невролог. Закончила Второй Московский медицинский институт имени Пирогова, ординатуру по детской неврологии в Морозовской больнице. Работала детским неврологом в Москве. В течение одиннадцати лет отказа активно участвовала в еврейской культурной жизни. В 1990 году эмигрировала с мужем и двумя дочерьми в США. Её врачебный стаж в США составил более тридцати лет. За эти годы она получила высшую врачебную квалификацию в педиатрии, неврологии и по головной боли.

Писала рассказы много лет, печаталась в журнале «Сноб» и социальных сетях. Это её первая печатная книга. Сейчас она на пенсии и живёт в Нью-Джерси с мужем, фотографом Юрием Львом и пуделем Микой.

Olga Goldfarb Lev
What a Nice Day it Was.
Stories by an American Doctor.
Philadelphia, 2024.-378 p.
Foreword by Victor Shenderovich.
Art by Olga Tenyakova.
Photos by Yuri Lev and from the author's family archive.
All rights reserved

Published by Paul Mostinski, Philadelphia, USA
Library of Congress Control Number: 2024919660
ISBN 978-1-965104-01-9
© Olga Goldfarb Lev, 2024

Оглавление

Предисловие 7

МЕДИЦИНА И НЕ ТОЛЬКО

Как я стала врачом 10
Хороший день 14
Трудный диагноз 20
Закон Либби Зайон 23
Случай с кокаином 30
Достали! 33
Про «детский кокаин» 36
Кенгуру 48
Пессимистическая комедия 54
Ангел 61
Ни за что, доктор Джи! 67
Семья 76
Группа поддержки 83
Сердитая байка 91
О пользе президентских выборов 94
Папы разные нужны... 100
Болезнь Канавана и немного о генетике 108
Пять минут до работы 116
Спасибо, док! 126

ВСЕГО ПОНЕМНОГУ

Новогодняя Шавасана 131
Душа, мозг и тело 136
Валентинов день 139
Инвалиды войны и остров Валаам 150
Байка простая, патриотическая 152
Метрическая байка 156
Это маленькое чудо. Собачья байка 169
Субботняя байка 180
Байка о языках 185

ЗАПИСКИ ПУТЕШЕСТВЕННИЦЫ

Во что верят во Вьетнаме 196
Вьетнамская еда. Голос дивергента 201
Женщины горных племен Вьетнама............... 204
Еще о горных племенах Вьетнама 207
На дорогах Вьетнама 212
Невероятная история 215
Волшебная Камбоджа, рассказ 1 220
Волшебная Камбоджа, рассказ 2 225
Гавайские каникулы 231
Богиня Пеле 233
Брюгге 237
Япония, синкретизм в действии 240
Красные Шапочки 242
Ашкелон, рай для археолога 244

ДЕЛА СЕМЕЙНЫЕ

Наш семейный женский ген 248
Явление Нади народу 256
Где моя нога? 264
День Большого Переворота................................272
О соседях и не только 284
Мышка пробежала, хвостиком махнула........290
Востряковская байка 297
Надя и её коты 307
Красные башмачки 314
Говорит немецкая волна из Кёльна,
или дети отказа 318
Горшочек с маслом 327
Надина крутая 330
Дорога в американскую медицину 339
На дорогах 341
По громкой связи 345
Бат-мицва Софии...349

От Ашкелона до Загреба.
Зарисовка с натуры 351
Глазами собаки 353
Мика, поздний ребенок 358
Мика-Фиолетовая нога 361
Встреча 363
Мика и Львы 366
Пейзаж после битвы 370
Девочки и мироздание 375
Молитва 376

Предисловие

Семейка Гольдфарбов — та еще, конечно. Папа-профессор, генетик и инвалид войны, еврейский отказник, выкупленный у Советской власти, на её закате, за пару картин из коллекции Хаммера. Брат Александр, диссидент, соратник Сахарова, самый известный из ныне живущих Гольдфарбов — тот самый, на которого убийцы и их подельники с Первого канала пытались повесить убийство Александра Литвиненко в Лондоне. Дочь Катя, военный юрист американской армии в Ираке, ныне проживающая в израильском городе Ашкелоне с мужем, писателем Рубеном Гальего (и при этом сама — замечательный писатель). И это я ещё не упомянул дедушку, советского шпиона (см. об этом в книге Александра Гольдфарба)...

А для меня все это началось с моего друга Юры Льва — фотографа и хроникера советских КСП-шных, а потом диссидентских посиделок... Юра как раз женился на Оле, а тут вернулся из армии я — вернулся и начал возвращаться в жизнь, отмокая на профессорской даче в подмосковном Востряково и осваивая обязательный минимум: Солженицына, Шаламова, Бродского... Там впервые увидел вблизи людей из совсем другого круга...

То, что Оля Лев (а для меня она всегда была

именно *Оля Лев* или просто *Львица*) — замечательный врач, было понятно сразу. Но когда, после тридцати лет знакомства, я прочитал в Фейсбуке несколько сюжетов из ее будущих «Баек американского врача», то подумал: ну надо же.

Олин характер весь в этих записках. Основательность, скрупулезность, исследовательский подход к любой проблеме. Неизвестное, незнакомое — не повод отбежать подальше, а хороший случай изучить и понять. Достоинства и недостатки американской системы здравоохранения. Как приживалась и не прижилась в Штатах метрическая система. Сколько ампутантов было в СССР после Второй мировой...

Научный подход сочетается у нее с умением ярко и точно описать человеческий характер и ситуацию, передать собственное состояние. В «Байках» есть, в этом смысле, совершенно выдающиеся новеллы, а есть и страницы, на которых исследователь и популяризатор выступает наравне с новеллистом.

Впрочем, я, конечно, не объективен, да и не претендую на это. Как может быть объективным персонаж? (А некий «Витька» мельком заскочил в мемуарную часть записок американского врача в востряковских главах). Но я убежден, что вам тоже будет интересно прочитать эти воспоминания. И уж точно, вы узнаете много нового про Америку и не только. Американский врач *Olga Goldfarb* врать не будет — и важной симптоматики не пропустит, уж будьте уверены.

Виктор Шендерович

МЕДИЦИНА
И НЕ ТОЛЬКО

Как я стала врачом

Однажды, когда я училась в девятом классе, мой папа, светлой памяти Давид Моисеевич Гольдфарб, сказал:

— Олечка, пора задуматься о профессии.

— Уже подумала, — сказала я. — Хочу в Иняз или в педагогический, на историю или литературу.

Умная Олечка уже понимала, что филфак или истфак МГУ ей не светят по причине пятого пункта.

— Литература и история — это не профессия. Кем ты будешь работать?

— Ну… Учителем, например. Ты же сам учился на историческом.

— Но закончил-то я медицинский. А учителем… Ты что, хочешь входить в класс каждый день и врать своим ученикам, колебаться с генеральной линией? Вот медицина — дело другое. Если у твоего больного понос, то это понос, и от генеральной линии он не зависит.

Нельзя сказать, чтобы этот аргумент меня сильно вдохновил, и я продолжала спорить:

— Ну тогда на биофак, Алик же (это мой старший брат) там учится. Буду заниматься наукой, как ты и Алик. Это тоже интересно.

Профессор Гольдфарб скривился, как будто любимая дочка заявила, что хочет бросить школу и поступить работать в цирк.

— Тебе в науке работать не дадут. Ты женщина. И еврейка. К тому же красивая и не пробивная. Будешь носить за кем-нибудь портфель, и это еще в лучшем случае. — И, подумав, добавил:

— У тебя будут дети. Мужья уходят и мужей убивают. Ты должна быть способна прокормить себя и детей, быть самостоятельной. А врач — он и на войне врач, и в лагере тоже врач!

На этой оптимистической ноте дебаты были закончены. Папа ни в коей мере не был деспотом, и я могла бы настоять на своем. Но он был мудр, я понимала это уже тогда, и решила принять его совет, хотя сердце, да и способности, тянули меня совсем в другую сторону.

Мне наняли репетиторов по химии и физике, и я начала готовиться к вступительным экзаменам. По биологии меня готовил брат Алик, человек талантливый во всем, за что бы он ни брался. По-моему, мы прошли с ним весь курс биологии за первый год биофака, и мне все это даже начало нравиться.

За несколько недель до экзаменов профессор Гольдфарб, ученый с мировым именем, автор многочисленных монографий и бесчисленных статей, научный руководитель армии аспирантов и докторовов наук, заведующий большой и известной лабораторией, надел свои военные ордена и медали, встал на свои костыли (ногу он потерял под Сталинградом) и отправился на прием к Лопухину, ректору 2-го Медицинского Института имени Пирогова.

В те времена во Второй Мед евреев не брали. Но там был единственный в Москве педиатрический факультет, а я твердо заявила — если уж врачом, то только детским. Папа сказал: «Я буду просить, чтобы на экзаменах тебя не сыпали. Дальше ты сама.»

Про Лопухина тогда, да и потом тоже ходили разные слухи. Вроде бы он был талантливым человеком и серьезным ученым, но должность была определенно номенклатурная. Шепотом также поговаривали, что он сотрудник секретной лаборатории при мавзолее Ленина, которая занималась тем, что поддерживала тело вождя в «рабочем состоянии». Как бы то ни было, в тот день ректор Лопухин совершил доброе дело. Он не выгнал профессора Гольдфарба с порога и даже не обманул его, хотя запросто мог.

Меня не сыпали. Не просили поименно перечислить всех погибших в Великой Отечественной Войне. Экзаменатор по химии кисло выслушал мой бойкий ответ, мельком взглянул на задачи, поставил пятерку и махнул рукой: «свободна». Экзаменатор по биологии, довольно молодой парень, слушал меня с явным удовольствием, потом спросил что-то совсем запредельное про ахроматиновое веретено. Но меня готовил по биологии Алик, и веретено мне было нипочем. Мне поставили жирную пятерку и пожелали удачи.

А вот с физикой получился облом. Разумеется, я ответила на весь билет и решила обе задачи. Дополнительных вопросов не было. Поэтому, увидев тройку, я так обалдела, что не заметила, как очутилась за дверью. Уже потом я поняла, что это было сделано для экономии средств, чтобы не дать мне еще и стипендию. Тринадцать был твердый проходной бал, четырнадцать — проходной со стипендией. Сочинение в проходной балл не входило. Так что честно признаюсь, что в медицинский институт я попала по блату. Из двухсот с лишним студентов педиатрического потока нас, таких явных, было двое.

Но дело было сделано, и я пошла учиться на врача.

Хороший день

— В четверг вечером мы идем на музыкальный концерт к Надечке в школу. Я проверил твое расписание, ты в четверг не дежуришь, — говорит Юра.

Этот разговор происходит в понедельник поздно вечером, на кухне.

Я пытаюсь сосредоточиться. О чем это он говорит?

Мне до четверга как до пенсии. Сейчас надо думать о том, чтобы следующий день продержаться и ночь простоять.

Я резидент первого года педиатрической резидентуры. Резидент — это врач в больнице в первые годы после окончания мединститута. Больница — здесь это называется госпиталь — у нас большая, но не университетская. Больше похожа на крупную областную больницу.

Здесь будет уместно рассказать немного об американской медицинской резидентуре. Само слово резидент означает житель. И это правильно. Резидент практически живет в госпитале.

Резидентура построена по образу армии Чингисхана.

Есть великая цель, и есть эффективная структура для ее достижения. Цель не такая масштабная, как покорение всей Ойкумены, но на индивидуальном уровне не менее важная — превратить студента во врача, которому можно доверить здоровье и жизнь больного.

Достигается это строго вертикальной структурой власти, безжалостной непрерывной работой и системой многочисленных экзаменов. Исключений нет. Резидент первого года — рядовой, второго — десятник, третьего — сотник. Есть еще главный резидент, но это уже почти что небожитель.

При этом все происходит вежливо и уважительно. Голоса никто не повышает, плохими словами не обзывает. За такое можно и из резидентуры вылететь. Недавно мы с Юрой посмотрели несколько серий «Интернов» и дико хохотали. Возможно, в России это так и есть, а у нас подобные интерны вылетели бы в первый день вместе с заведующим. Кстати, в моей московской ординатуре по детской невропатологии тоже не было ничего похожего на «Интернов».

Вот типичный разговор резидента второго года с резидентом первого года:

— Ольга, сколько у тебя сегодня больных? Шесть? Ну, это немного. Будь любезна, сбегай в приемный покой, там к нам еще двое поступают, осмотри, сразу и истории запишешь.

— Тут к нам хирурги в третью палату подозрение на аппендицит положили. Мама там рыдает, сходи ее успокой. Ты такая добрая, у тебя хорошо получится. Только учти, что она по-английски не понимает, какой-то диалект китайского, так что придется переводчику звонить.

— Да, а Родригес с астмой — это твой? Вот и чудесно. У него сестра с утра не смогла кровь взять, говорит, вены очень плохие. Давай-ка к нему сейчас зайдем, покажешь, чему ты за шесть месяцев научилась.

И, пожалуйста, поскорее выпиши Брауна из второй. Его мама уже два раза жаловаться бегала.

— Да, вот еще: я тут карту отложил. Ты вчера тому малышу с поносом внутривенную жидкость рассчитывала и здорово с концентрацией напутала. Да не меняйся ты в лице, я сразу все поправил. Подойди ко мне через пару часиков, когда все с больными закончишь, я тебе покажу, где ты ошиблась.

— Кстати, ты помнишь, что через три дня наша педиатрическая конференция, ты должна статью докладывать. Как не говорил? Ну вот сейчас говорю, у тебя еще куча времени на подготовку! Я уверен, ты справишься!

И это только начало. При этом другие резиденты первого года получают не менее внушительные инструкции. Сказать «не могу, не успею, это уж слишком» нельзя, табу. И резиденту второго года не приходит в голову, что кто-то может отказаться или ослушаться. Год назад он сам был на этом самом месте. А на будущий год на его месте буду я. Пол, возраст, цвет кожи, страна происхождения, акцент — все не важно. Есть десятник и есть рядовой. Похоже на дедовщину в армии, но это не так. У резидента второго года свои задачи и свои трудности. Все, чему я научилась за первый год резидентуры, я узнала от резидента второго года. Потом я сама буду учить других.

Когда-нибудь я расскажу об этом подробнее, о дежурствах, экзаменах, о нелегком переходе резидента в десятники и сотники, о разноплемённой армии резидентов — индусов, пакистанцев, филиппинцев, латиноамериканцев, будущую основу и опору американской медицины.

А сейчас я хочу вернуться к тому вечеру, в понедельник.

— К Надечке на концерт? — тупо переспрашиваю я. — А на чем она играет?

У Юры что-то происходит с лицом, но он быстро справляется с собой. Я действительно не знаю, на чем Надечка играет. А также что она ест, с кем дружит и в чем пойдет завтра на концерт. Меня привлекают к домашнему процессу только если она болеет. Все знает Юра. Он и папа, и мама, бабушка и дедушка, няня и воспитатель двух наших дочек. Он еще и работает. Он идет своей тяжелой тропой мужа резидента. А я — резидент.

— Надя играет на скрипке, — мягко говорит

Юра. — Иди спать.

В четверг у меня был легкий день. Я пришла домой очень, очень, ОЧЕНЬ рано — в шесть часов вечера. Настроение было приподнятое, я быстро нырнула под душ, оделась понаряднее и мы отправились на концерт. Надя уже была там.

Вот он, школьный актовый зал, большой и ярко освещенный, со сценой и рядами стульев. Родители возбужденно переговариваются, усаживаясь, и готовят фотоаппараты, а кое-кто и кинокамеры. Я быстро занимаю стратегическую позицию — между Юрой и стенкой. Пусть он занимается социальной жизнью.

— Ах, это вы родители Нади Лев? Как приятно познакомиться. Наша Джинни от вашей Нади просто без ума! Надо обязательно пригласить вас в гости!

Сгиньте, думаю я, этого мне еще не хватало.

Я бормочу что-то нечленораздельное, ловко изображая плохое знание английского языка, и тут, на наше счастье, гасят свет.

Я закрываю глаза, только на секунду. Просыпаюсь от того, что Юра тормошит меня: «Посмотри на нашу Надечку.»

Я выпрямляюсь на стуле. Вон она, моя Надечка, во втором ряду справа, моя красавица и умница, и со скрипочкой. Сейчас я получу свой полноценный материнский нахес!

Следующий раз я просыпаюсь оттого, что Юра буквально ловит меня, не давая упасть со стула. Зрители аплодируют, в зале загорается свет. Концерт окончен. Через пару минут Надя находит нас, мы обнимаемся и начинаем пробираться к выходу.

Семьи кругом бурно обмениваются впечатлениями, приглашают друг друга в гости, фотографируются.

— Хотите, мы вас втроём снимем? — предлагает кто-то.

Вот она, эта карточка, висит у меня над письменным столом. Девятилетняя Надя в серединке, довольная и весёлая, а по краям — её молодые (по моим нынешним меркам) родители.

Хороший был день.

Трудный диагноз

Около года назад приводят мне на осмотр одного ребенка.

Привела его семья индусов. Молодые, красивые, европейски одетые, профессионально образованные ребята.

Папа красивый, как сказочный раджа, а мама просто куколка.

Мальчик не говорит.

Одного взгляда мне достаточно, чтобы понять, что у ребенка аутизм, но я действую, как полагается. Сочувственно выслушиваю родителей, собираю коротенькую — ему всего два года — историю, смотрю его и пытаюсь с ним играть. Сама же думаю, как лучше сказать родителям, что у ребенка аутизм. Они так страстно уверяют меня, что кроме задержки речи никаких других проблем у малыша нет, и что они пришли ко мне только потому, что их послал логопед.

Дальше все происходит по обычному сценарию.

Папа слушает с каменным лицом, мама рыдает, доктор разливается соловьем, что диагноз аутизма сейчас не то, что раньше, что мы будем его учить и, если надо, лечить, что для этого Нью-Джерси самый лучший в Америке штат, где закон защищает его права и дает на все это деньги, и так далее и так далее...

Лучше всего в этой комнате ребенку, который монотонно перекладывает кубики из коробки на пол и обратно, не глядя на родителей, доктора и на остальные игрушки.

Родители не спорят, вежливо благодарят, мама принимает кучу брошюр, папа хватает сына под мышку, и они быстро ретируются из этого ужасного места, где непонятно кто с акцентом пытается уверить их, что у их драгоценного первенца что-то не так.

Наверняка я их больше не увижу.

Я перевожу дух и листаю карту. Оказывается, они живут вовсе не в Нью-Джерси, а совсем в другом штате. Черт! Ну не догонять же их. И вообще, они после плохого слова «аутизм» наверняка больше ничего не услышали.

Я, конечно, совсем забыла бы об этом эпизоде, у меня такие бывают несколько в неделю, если бы не продолжение.

На днях у меня появляется папа-раджа с трехлетним уже сыном.

Рассказывает, что семья переехала жить в Нью-Джерси.

К ребенку стали приходить домой учителя — три раза в неделю, а еще два раза с ним занимаются частно. Сейчас, в три года, они оформляются в специальную государственную программу, на пять раз в неделю, где с ним будут продолжать заниматься логопеды, терапевты и учителя. От меня им нужно медицинское заключение с диагнозом.

Я смотрю на малыша. В одной руке у него лошадка, а в другой зайка, и он пытается их вполне разумно совместить. Он сует мне в руки лошадку и мычит что-то невразумительное, но очень требовательное, а я пытаюсь справиться с подкатившим к горлу комом. Я пишу нужную бумагу, хвалю родителей и штат Нью-Джерси и заверяю папу, что улучшение будет продолжаться.

При прощании папа спрашивает, когда привести малыша в следующий раз.

Я знаю, что они ко мне вернутся.

Закон Либби Зайон

Поздним вечером в марте 1984 года в Нью-Йоркский госпиталь поступила со странными симптомами 18-летняя студентка Либби Зайон. У нее была повышенная температура, возбуждение и странные подергивания рук. Девочка оказалась с проблемами. Она принимала прописанный доктором антидепрессант *нардил* и, по-видимому, потихоньку баловалась кокаином. Во всяком случае, в некоторых её анализах были обнаружены следы кокаина. Сама Либби прием каких-либо наркотиков отрицала.

В приемном покое ее осмотрел врач и не смог поставить диагноз. Переговорив по телефону с семейным доктором Либби, он принял решение положить её в госпиталь для наблюдения и вливания регидратирующей жидкости.

В палате её осмотрели двое резидентов — один, вернее, одна, первого года (здесь это, кстати, тоже называется интерн) и другой, резидент второго года. К тому времени оба они были на ногах около 20 часов. В то время обычный рабочий день резидента продолжался 36 часов. Диагноз они поставить тоже не смогли и, снова посоветовавшись по телефону с семейным доктором, назначили Либби *меперидин* — лекарство наркотической группы с обезболивающим действием.

После этого интерн пошла работать дальше (у нее в ту ночь было около 40 пациентов), а резидент второго года отправился спать в специально приспособленную для этого комнату, откуда его можно было в любой момент вызвать.

Через пару часов Либби стало хуже. У нее развилось психомоторное возбуждение, то есть, попросту говоря, она начала буянить, срывать с себя капельницу и порывалась покинуть больничную кровать.

Медсестра позвонила интерну, которая назначила Либби инъекцию *галоперидола* и велела зафиксировать пациентку на кровати (эта процедура назначается, если больной в возбуждении и может нанести себе вред). Смотреть Либби интерн не пришла.

Либби вроде бы успокоилась и уснула, но, когда еще через пару часов ей пришли мерить температуру, та оказалась 42 градуса. Были приняты экстренные меры, но они результата не принесли. Около 7 утра Либби Зайон умерла. Причина смерти — остановка сердца.

Эта трагедия имела для американской медицины огромные последствия.

Отец Либби, юрист Сидни Зайон подал в суд на

госпиталь и всех врачей, принимавших участие в лечении его дочери в ту ночь.

Не буду описывать все перипетии этой драмы, которая разворачивалась в последующие 10 лет.

Скажу кратко, что обвинение строилось на том, что Либби убила комбинация её антидепрессанта и *меперидина*, который ей дали в больнице (это сочетание опасно для жизни).

Госпиталь обвинялся в том, что, во-первых, колоссальная нагрузка и жестокий недосып резидентов привели к тому, что была совершена грубая медицинская ошибка, а во-вторых, что неопытные резиденты не имели достаточной поддержки и руководства со стороны старших врачей.

Защита строилась на том, что Либби скрыла, что она употребляла кокаин. Скажи она об этом, её обследование и лечение пошло бы по другому пути.

В любом случае, что бы ни было пусковым механизмом, а что последней каплей, Либби Зайон умерла от серотонинового синдрома, в те времена мало кому известного острого заболевания, развивающегося в результате употребления несовместимых веществ или лекарств.

На волне общественного возмущения была создана экспертная комиссия, которая изучила ситуацию и дала свои рекомендации. Так в 1989 году в штате Нью-Йорк был принят закон с длинным названием под номером 405, который в медицинских кругах именовался просто «Закон Либби».

Согласно этому закону, в штате Нью-Йорк резидент не мог активно лечить пациентов более 24 часов подряд и не мог работать более 80 часов в неделю, включая дежурства (раньше получалось 100 и больше). Также оговаривалось более весомое присутствие старших резидентов и врачей. Там были еще другие детали, но это не суть важно.

Это была большая победа. Некоторые штаты последовали примеру Нью-Йорка, хотя далеко не все.

Следующий прорыв наступил только в 2003 году, когда был принят федеральный закон, утвердивший правила «Закона Либби» на всей территории США.

Дальше — больше. В 2008 году вышел еще один государственный закон, уменьшивший продолжительность активного рабочего дня для резидента первого года (интерна) до 16 часов. Я помню, какой дикий крик стоял в прессе, в социальных сетях, в научных журналах, да и, что греха таить, в ординаторских, когда это произошло. Директора резидентских программ все как один заявляли, что это ухудшит учебный процесс, нарушит чувство ответственности интерна за «своего» больного, увеличит количество ошибок при слишком частой передаче дежурства. Как показало время, во многом они оказались правы. Но закон был принят, и ослушаться его было нельзя. Во-первых, это закон, а во-вторых, именно дядя Сэм субсидирует образование молодых врачей. Государственная программа *Медикер* платит больнице круглую сумму за каждого резидента. Попробуй-ка, ослушайся!

Таковы факты на настоящий день.

Мне повезло. Я попала в резидентуру в штате Нью-Йорк после принятия «Закона Либби». Поясню — я имела право активно лечить своих больных, делать процедуры, принимать решения в течение 24 часов. После этого вахта кончалась, но резидент первого года обычно оставался еще на несколько часов, чтобы подтянуть все «хвосты» — чаще всего это были незаполненные больничные карты. Резидент второго года, как правило, уходил домой, чтобы вернуться на следующее утро.

Возникает вопрос, нельзя ли тренировать врачей в более щадящем, «человеческом» режиме.

Это, конечно, зависит от поставленных целей.

Я прошла этот путь и в Москве, и в Америке и знаю, о чем говорю.

После окончания двухгодичной московской ординатуры по детской неврологии я толком руками не умела делать ничего. Там этому не учили. В конце второго года американской педиатрической резидентуры я могла поставить артериальную линию, взять кровь из любой вены, даже у недоношенного младенца, интубировать ребенка весом более двух килограммов и (о ужас!) делала обрезание новорожденным. Я уже не говорю о спинальной пункции, установке внутривенных линий, введении катетера в мочевой пузырь, наложении швов и многом другом.

Сказано это не похвальбы ради, а исключительно для иллюстрации. Все резиденты второго года в моей программе умели делать то же самое, многие лучше меня. Нас так учили.

Уровень знаний нарабатывается ежедневными разборами больных, бесконечными конференциями, докладами, обсуждением новых статей. Каждый год при переходе на следующий уровень резиденты сдают серьезный экзамен.

Помимо всего этого врач-резидент учится четко отличать главное от второстепенного, использовать каждую секунду, эффективно работать в стрессовой ситуации, одновременно и качественно делать несколько дел сразу, и — самое главное — принимать решения и отвечать за них.

Я считаю, что за такой срок в нормальном темпе всему этому научиться было бы невозможно.

Первые два года резидентуры бесчеловечны, но чрезвычайно эффективны, и не надо забывать, что насильно туда никто никого не тянет.

В американской медицине много проблем, кому же, как не мне этого не знать. При этом она остается на передовом крае в науке, лечении рака, генетической диагностике, развитии технологий и лекарств — как и положено в такой богатой и сильной стране.

Меня радует другое — проявления человеческой доброты, которые я постоянно встречала внутри этой самой американской медицины.

Медсестра без просьбы подойдет к пациенту, спросит, не надо ли чего, принесет подогретое одеяло и лишнюю подушку. Доктор после длинной операции, растрёпанный и усталый придет в послеоперационный блок, чтобы лично сказать пациенту, что все хорошо. Я многократно наблюдала, как резиденты плакали над тяжело больным ребенком. А отношение к обезболиванию! Здесь просто перенести не могут, когда у человека что-то сильно болит!

Это, конечно, лишь мои личные наблюдения и раздумья о медицине в стране «чистогана и желтого дьявола».

Случай с кокаином

Приводят как-то ко мне одного подростка, тинейджера.

Тинейджеры здесь — мир особый. К ним относятся трепетно, объясняют их закидоны гормональными бурями (что правильно) и часто позволяют им садиться себе на голову (что совсем неправильно).

В основном тинейджеры попадаются мне с головными болями, обмороками, судорогами или как хроники — с ДЦП, аутизмом и т. п.

С этими легко. Они больны, я их лечу, они меня слушаются.

Но иногда приводят совсем по другому поводу. Родители не могут смириться с тем, что драгоценное чадо перестает соответствовать идеалу или что они, боже упаси, оказались не на высоте как родители. А вдруг ребёночек болен и его надо не воспитывать или наказывать, а лечить! Тогда и ребенок не виноват, и родители на высоте.

Так вот, тот самый тинейджер покуривает травку, прогуливает школу, грубит родителям. А недавно он начал баловаться кокаином.

Атлетически сложенный 16-летний красивый парень со скучающим выражением лица на две головы выше своей мамы, которая на полном серьёзе просит послать его на МРТ мозга — вдруг там что-то такое, что заставляет наследника таскать деньги из кошельков родителей.

У меня в коридоре уже сидят два следующих пациента, на столе гора карт, а в кармане пищит бипер, призывая немедленно позвонить в отделение интенсивной терапии. К тому же я уверена, что лекцию о вреде наркотиков он слышал не один раз.

Я думаю о ребенке, который лежит у меня в интенсивной терапии и, не особо размышляя, неожиданно для себя самой, выпаливаю:

— Я работаю с больными детьми. Ваш сын здоров. Невропатолог и МРТ ему не нужны.

— Но ты, — тут я обращаюсь к парню, — продолжай баловаться кокаином. Тогда у тебя случится инсульт, и скорее всего, не один. Мама будет возить тебя в инвалидной коляске. Ты будешь плохо разговаривать, ходить под себя и у тебя никогда не будет секса. И у тебя наверняка будут судороги. Вот тогда — милости просим, приходи, буду тебя лечить. И МРТ сразу сделаем.

Мама и пациент смотрят на меня ошарашенно. Я сухо осведомляюсь, есть ли вопросы к врачу. Нет? Ну и славно!

И вылетаю из комнаты звонить в интенсивную терапию. Это дисциплинированный резидент (врач-практикант) сообщает мне, что тест, который я ранее заказала ребенку, будет сделан через два часа.

Я готова к следующему больному, но медсестра говорит, что предыдущая мама просит уделить ей одну минуту.

Скандалить будет, мелькает у меня мысль. А то еще и нажалуется.

— Спасибо вам! — говорит мама, и глаза у нее на мокром месте. — Вы его здорово напугали!

Достали!

Последнее время народ что-то сильно жалуется на американскую медицину вообще и на американских врачей в особенности. Причем народ этот — мои бывшие соотечественники, проживающие в разных концах большой Америки. Вот где живут, там и ругают. Уж они-то хорошо знают, какая должна быть медицина!

Американские врачи для них и равнодушные, и жадные, и ленивые, и некомпетентные, и лицемерные, и ворюги и... (дальше идет ненормативная лексика).

Вот лопухи-американцы медицинскую бюрократию ругают, страховые компании честят, дороговизну клянут, а врачей почему-то не трогают. Не понимают, олухи такие, что все проблемы от них, окаянных. Забрались врачи на вершину общественной пирамиды — все как на подбор богатые, здоровые и нечестные, и на пациента оттуда поплевывают.

Мне очень стыдно перед своими бывшими соотечественниками за американских врачей. А также за подобных мне медоносов, которые пытаются исказить истинную картину вещей, поливая елеем американскую медицину — мол врачи хорошо обучены, да лекарства хорошие, да технологии высокие, да медсестры добрые. Прощения просим, бес попутал.

Я хочу искупить свою вину, и поэтому составила план по исправлению этой вопиющей несправедливости.

Предлагаю ввести следующие правила:

1. Врач при встрече и прощании с пациентом должен кланяться земно, а еще лучше — как в Золотой Орде — бухаться на колени и головой об пол! И чтоб не халтурить!

2. Врач должен работать бесплатно. Особо продвинутые и приплатить пациенту могут.

3. Врач должен обслуживать пациента не в часы своего нелепого расписания — скажем, с восьми до пяти или с девяти до шести, а в удобное для пациента время — вечером перед сном, в выходные, в праздники, вчера. И не в своем дурацком офисе — туда еще ехать, да за парковку платить, — а там, где пациенту удобно: на пляже, у пациента дома, на крыше планетария.

4. Врач не должен давать пациенту идиотские советы, а должен делать то, чего хочет от него пациент.

За нарушение любого из этих правил — канделябром!

Если пациенту не стало лучше — канделябром!

Если врач не слушается больного и назначает что-то свое — канделябром!

Если у пациента побочные эффекты от лекарства (хоть бы он его и не принимал совсем) — на костер!

Ну а если уж врач пытается права качать — например, домой уйти хочет после рабочего дня или, скажем, уважения ожидает — таких два раза на костер (надо только найти способ, как это сделать).

Костер можно полить елеем, которым подобные мне горе-сочинители умащивают свои лживые байки про американскую медицину. Лучше гореть будет.

А когда врачи закончатся, можно и за средний медперсонал взяться. А то расплодились, плюнуть некуда! Сидят, смотрят в компьютер, чипсами хрустят и ничего не делают. Или соберутся кружком и лясы точат — это у них называется передача дежурства. Не дозовешься подушку поправить, свет выключить или ребенку подгузник сменить!

А когда с этим зловредным племенем будет полностью покончено, можно и за кого-нибудь другого взяться — за учителей, например. Они тоже дурацкие советы дают. Но тут я не специалист, пусть план кто-нибудь другой предлагает.

Что касается медицины, то хочу поставить свои предложения на голосование. Надеюсь, общественность меня поддержит.

Про «детский кокаин»

Пациентов с подозрением на ADHD (то, что в России называется СДВГ, то есть Синдром Дефицита Внимания и Гиперактивности) в моей практике много.

Со времен Линнея классификация является основой любого научного подхода.

Родители у пациентов, конечно, все разные, но всё же поддаются некоторой классификации — естественно, моей собственной, не отраженной ни в какой научной литературе.

Группа 1. Я называю их Соискатели.

Эти родители готовы приписывать любое ухудшение отметок или поведения в школе пресловутому ADHD, о котором начитались в популярной литературе, и требуют лечить дитя, которому может быть от трех до 18 лет. Они бывают очень напористы. К счастью, у меня есть дополнительные методы — психометрические, компьютерные, наблюдения учителей, да и история обычно говорит сама за себя.

Если ребенок здоров, сочувствия у меня они не находят и уходят без рецепта с заверением, что с ребенком — с неврологической точки зрения — все в порядке.

Они бывают очень разочарованы и ищут другого врача.

Группа 2. Я называю их Отрицатели — in denial.

Эти приводят детей пятого-шестого класса, или даже более старших, и честно признаются, что симптомы имели место годами, что все об этом знают, но они — родители — всегда были против лекарств. Они ждут, что я буду их уговаривать. Этих я тоже не очень люблю. Ребенок к этому времени уже отстает по всем предметам, у него развиваются эмоциональные и поведенческие расстройства, иногда даже депрессия, и лечить его будет гораздо труднее. С ними у меня особая тактика. Я и не думаю их уговаривать. Я предоставляю им статистику: процент бросивших школу, использующих наркотики, попавших в ДТП и многие другие важные социальные характеристики у подростков и молодых людей. Сравнение между леченной и нелеченной группой явно не в пользу тех, чьи родители были противниками лекарств.

После этого я даю им возможность самим выбрать, хотят ли они наконец лечить свое чадо. Большинство скрепя сердце остаются. Самые упертые уходят, но обычно возвращаются через некоторое время. Дальше уже начинается моя работа, но теперь мы с родителями на одной стороне, они сами приняли решение, и это очень важно.

Группа 3. Умники. Правильнее было бы

назвать их псевдо-умниками.

Это весьма разнородная группа. Одни требуют немедленно сделать МРТ мозга. Другие, вооружившись распечатками какой-то галиматьи с интернета просят произвести анализ волос, ногтей или фекальной флоры. Если речь заходит о лечении, настаивают на диете, применении больших доз витаминов. Как правило, они оспаривают каждое твое слово.

С этими работать очень трудно. Они априорно верят в свою правоту, а с верой аргументами разума не поспоришь.

Я могу отказать в бессмысленных тестах, но, к сожалению, не могу удержать от применения «натуральных» методов лечения. Эти дети, как правило, из моей практики исчезают.

Группа 4. Простаки.

Этих я жалею. Они мне напоминают сына-простака из Пасхальной агады.

Они обычно говорят, что их прислал ко мне педиатр, или школа посоветовала обратиться к врачу: ребенок плохо учится. Сами они мало что могут к этому добавить.

Это, как правило, люди бедные, плохо образованные, иммигранты, не владеющие языком — то, что мы называем «социально уязвимые слои населения».

Я для них этакая высшая инстанция, которая

ответит на все вопросы, глядя в некий хрустальный шар. Здесь помимо моих обычных методов требуется большая дополнительная работа. Я пишу письма в школу, звоню педиатрам, даю с собой вопросники и информацию на иностранном (обычно это испанский) языке. Работа трудоемкая, но благодарная. Почти всегда я привлекаю к ней свою социальную работницу — есть много способов помочь, и далеко не всегда все заканчивается приемом лекарства от ADHD, хотя бывает и так. При назначении лекарства инструкции должны быть простыми и четкими, как и советует мудрая агада: «Просто скажи...»

Я и говорю: «Вот лекарство, оно скорее всего поможет...»

Группа 5. Обычные люди.

Это самая легкая группа. Родители осознают проблемы, сначала пытаются решить их самостоятельно, и, если не получается, обращаются к врачу. Они открыты для обсуждения и слушают без предубеждений. Они не в восторге от перспективы давать детям лекарства, но готовы рассмотреть и этот путь. Обсуждение целей лечения, логистики, возможных побочных явлений должно быть откровенным и понятным. В этой группе эффект лечения лучший — 80% успеха, как и описано в литературе.

Группа 6. Свалка.

Сюда попадают пациенты, пришедшие от других врачей. Либо семье не нравится их врач, либо врач по какой-то причине не может или не хочет продолжать лечение.

Здесь есть масса вариантов. Если родитель начинает так: «Я не в восторге от доктора Смита, он назначил неправильное лекарство» — это надо быстро прервать. Я говорю, что мы здесь не для того, чтобы обсуждать доктора Смита и что мне нужны только факты: какое лекарство было назначено, в какой дозе, какие были побочные явления и так далее.

Иногда у больного меняется страховка, и ему надо менять специалиста. Иногда лечащий доктор сам советует получить «второе мнение», так как лечение результата не приносит. Да мало ли может быть причин. Часто эти семьи приносят кучу бумаг, которые надо просмотреть: там может оказаться что-то очень важное. В этих случаях я обычно начинаю с пересмотра диагноза.

Группа 7. Сюрпризы.

Сюда относятся пациенты, которых привели с жалобами на невнимательность и проблемы в школе, «для теста на ADHD», а в результате открываются серьезные и очень серьезные болезни нервной системы. Это самая «неврологическая» группа из моей классификации. Здесь попадается эпилепсия, задержки развития, аутизм и многое другое. Однажды ко мне привели такого «ADHD» пациента, у которого на самом деле оказалась мышечная дистрофия. Когда-нибудь, может, расскажу про некоторые наиболее фантастические случаи.

Чтобы закончить с классификацией, добавлю, что всегда находятся такие семьи и пациенты, которые не вписываются ни в какие группы.

Диагноз ADHD обычно требует двух визитов.

Первый продолжается примерно час. Здесь я собираю историю, наблюдаю за ребенком, провожу общий и неврологический осмотр. Пока я занимаюсь с ребенком, родители отвечают на вопросы в анкетах.

Далее я заказываю тесты, которые, по моему мнению, нужны. Это могут быть психометрические тесты, электроэнцефалограмма, анализ процесса понимания языка и куча других. Но часто никакие тесты не требуются, а просто нужна дополнительная информация из школы, и я даю вопросники для учителей.

Второй визит происходит через несколько недель, когда все тесты сделаны и информация получена. Это пышно называется «конференция с семьей». Ребенка на этот визит не приводят, если только это не тинейджер, который сам этого хочет. Этот визит продолжается 20–30 минут.

Здесь я формулирую диагноз, предлагаю лечение и отвечаю на вопросы. Положительные и отрицательные стороны лечения, научные данные, логистика обсуждаются во время этого визита. Я также пишу в школу рекомендации, как помочь ребенку в классе.

Следующий визит — уже с ребенком — назначается через 4 недели.

Я занимаюсь этим делом в Америке более 20 лет, слежу за развитием науки, читаю литературу. За российской медициной почти не слежу. Но недавно мне пришлось с ней столкнуться.

Бывшая одноклассница, которая живет в Москве, позвонила мне домой, чтобы посоветоваться о своем внуке. Вообще-то я стараюсь издалека никого не лечить, но для старой подруги решила сделать исключение. Я поговорила с ней, потом поговорила с мамой, потом поговорила с мальчиком по скайпу.

— Слушай, сказала я бабушке, по-моему, у него типичный ADHD. — Поговори с педиатром, пусть ему назначат маленькую дозу *риталина* и поговорим через две недели. Должно помочь.

По недоуменным вопросам одноклассницы, я поняла, что она никогда не слышала об этом лекарстве.

— Ладно, — сказала я, — давай я сама посмотрю, что у вас там есть и объясню поточнее.

Я полезла в русский медицинский интернет и на меня обрушился момент истины. Он был так чудовищен и так нелеп, что я застыла в кресле с компьютером в руках, стараясь собрать воедино разбежавшиеся во все стороны мысли. Оказалось, что в России мое основное лекарство от ADHD — *риталин* и его производные запрещены, относятся к категории наркотиков и использование их преследуется законом (!). В российской прессе он даже именуется детским кокаином.

Я позвонила однокласснице, пролепетала что-то типа того, что у них нет похожих лекарств, и пусть мама посоветуется с психологом.

Когда мой муж пришел домой, я, не отрываясь от компьютера, сказала:

— Знаешь, оказывается, я врач-вредитель. Лечу детей «детским кокаином» и подсаживаю их на наркотики. Все вернулось на круги своя.

— Оля, что случилось? — Тон был испуганный, наверное, он решил, что у любимой жены поехала крыша.

Я оторвалась от экрана и кратко изложила свое невероятное открытие.

— Ну вот и напиши об этом, сказал он. Пусть люди знают.

И я начала разбираться.

Я обнаружила, что наиболее доступные и эффективные лекарства, которые применяются во всем мире, в России запрещены к использованию и освещаются в прессе как вредные наркотики, разрушающие детскую психику и приводящие к наркомании. С научной точки зрения эти заявления не выдерживают никакой критики — мало ли глупостей пишут в прессе и, конечно, можно было бы закрыть эту страницу, вписав это в длинный список подобных нелепостей, происходящих на моей бывшей отчизне.

Но здесь я испытала такой шок, что никак не могла упокоиться и продолжала этот вопрос изучать.

Я обнаружила следующее.

— Россия, запрещая *риталин*, находится в компании таких стран, как Оман, Йемен, Таиланд, Того и Нигерия.

— *Риталин* был запрещен в СССР в 1960-е годы.

— Для лечения ADHD используются так называемые ноотропы (*энцефабол*, *ноотропил* и т. п.), и в последние годы *страттера*.

— Я не нашла ни одного серьезного исследования о том, что ноотропы статистически достоверно помогают при ADHD. Несколько серьезных статей на тему ADHD, которые я нашла на русском, честно признавали, что *риталин* эффективен, но в России не применяется. В отношении ноотропов как-то стыдливо сказано, что они используется традиционно.

Я продолжала рыть и залезла в это дело по

уши. Я лазила по сайтам ВОЗ, ООН, которая имеет для этого специальную комиссию, по сайтам социологических исследований, статистики. Я пошла так далеко, что изучала информацию на открытых сайтах МВД и федеральной Службы по контролю и обороту наркотиков (ФСКН).

Наверно здесь было для меня что-то личное, ведь я использовала эти лекарства в своей практике!

Получалось, что кто-то в приказном порядке запретил использование эффективного лекарства под лозунгом борьбы с наркоманией, и этот вопрос никогда не пересматривался (во всяком случае, никаких упоминаний об этом я не нашла).

Я собрала статистику про катастрофический рост наркомании в России с 1990-х годов, когда *риталином* в медицинской практике даже не пахло. На 90% Российская наркомания — это опиатная и героиновая зависимость, самая страшная и разрушительная.

В 1992 году в России было 88 тысяч зарегистрированных наркоманов, в 2013–630 тысяч. В 2014 году В. И. Иванов, глава ФСКН и главный «нарко-милиционер» страны заявил, что в России около 8 миллионов зарегистрированных наркоманов, из них 3 миллиона употребляют наркотики регулярно. Каждый год в страну ввозится 30 тонн героина, и ежегодно умирают от наркотиков около 100 тысяч человек. И это в подавляющем большинстве юные и молодые люди.

Я словно хотела показать кому-то: «ЛЮДИ, *РИТАЛИН* ЗДЕСЬ НИ ПРИ ЧЕМ!»

Масса хорошо обоснованных научных работ (не субсидированных фармацевтическими компаниями!) показывают повышенную предрасположенность пациентов с ADHD к развитию наркомании, а также курению, использованию алкоголя и нарушению закона

А вот лечение (в том числе и *риталином*) помогает!

В 2012 году шведские ученые опубликовали блестящее исследование на 25 625 пациентах с ADHD, которые лечились фармацевтически, то есть лекарствами. В странах с универсальной системой здравоохранения гораздо легче сделать такие масштабные исследования. Они собрали всю информацию из своего Medical Registry (база данных обо всех диагнозах по стране), из своего Pharmacy Registry (база данных, в которую стекается вся информация о выданных лекарствах), и из своего регистра преступности по стране.

Они проанализировали всех этих пациентов в периоды, когда те лечились от ADHD и когда не лечились. Период «нелечения» считался от шести месяцев и более. Серьезный статистический анализ показал, что преступность в периоды лечения уменьшалась на 32% у мужчин и на 41% у женщин.

Со свойственной ученым сухостью шведы заключили, что существует обратная зависимость между фармацевтическим лечением ADHD и преступностью.

Это то, что называется доказательной медициной.

Надеюсь, для кого-то это будет интересным и важным.

Кенгуру

Грустное и смешное перемешано в моей работе. Почти каждый день можно над чем-то погрустить и чему-то улыбнуться. Но этот фантастический случай выделяется даже в моей богатой и долгой практике.

Все начиналось как обычно.

В комнате для осмотра меня ожидала полная светловолосая мама с сыном, белобрысым мальчишкой лет восьми.

— Здравствуйте, я доктор Гольдфарб. А тебя как зовут? — обращаюсь я к мальчику.

— Я Сэм. Мне семь лет, а скоро будет восемь. А что это у вас тут? А можно нажать на эту кнопку? Вы не будете мне делать укол? Мой папа сказал, что доктор всегда делает уколы. А моя мама...

— Постой, Сэм, — прерываю его я, — мне надо поговорить с твоей мамой. Вот Лего, вот раскраска с роботами, карандаши, займись-ка.

Мальчишка усаживается на пол, а я поворачиваюсь к маме.

— На что жалуетесь?

Мама набирает в грудь побольше воздуха:

— Ой, доктор, у него столько проблем в школе! Учительница говорит, что он не слушается, все время вертится, невнимательный. Мне каждый день звонят из школы. А дома уроки у нас занимают три часа и кончаются слезами. Он уже оставался на второй год в первом классе, учителя говорили: «не готов». Вот они прислали вам бумаги.

Я быстро просматриваю пачку бумаг: что ж, неплохо. Заключение школьного психолога, письмо от учительницы, и глядите-ка — вопросники, которые я даю родителям для передачи учителям. Значит, они уже самостоятельно циркулируют в окружающей школьной среде!

Я делаю заинтересованное лицо, а сама наблюдаю за мальчишкой. Он уже бросил игрушки и карандаши, оседлал запасную табуретку и крутится на ней юлой, потом быстро перебирается к раковине и начинает разматывать бумажные полотенца.

Пора принимать меры. Я надеваю маску строгого доктора и велю Сэму перестать вертеться. Мама дает ему свой телефон. Этим мы выигрываем время, и я успеваю собрать остальную историю. Осторожными вопросами я выясняю, что мама бросила школу за год до получения аттестата. «Мне было трудно учиться», — объясняет она. — «Я хочу, чтобы у Сэма все получилось лучше».

Потом настает очередь Сэма. Пока я смотрю его, мама отвечает на вопросы «краткого» — из 46 пунктов — психометрического теста.

В конце визита мама удаляется удовлетворенная и уносит с собой письмо в школу с рекомендациями по поводу необходимой помощи и рецепт на лекарство. Сэм вприпрыжку следует за ней — просто ходить он не может.

Через две недели мама звонит с отчетом. Я всегда так делаю — прошу родителей позвонить через две недели. Лекарство для ребенка новое, и я хочу держать руку на пульсе. Мама довольна, Сэм продолжает быть веселым и активным, хорошо кушает и спит. «И вы представляете, доктор, мне ни разу не позвонили из школы. И уроки мы теперь успеваем сделать за час».

Ну что ж, при правильно поставленном диагнозе лечение по статистике сразу же помогает восьмидесяти процентам пациентов, почему бы белобрысому Сэму не попасть в эту группу?

Но еще через два дня мама позвонила в панике и сказала, что вечером у Сэма были галлюцинации. Его возили в больницу, делали ему анализы крови и мочи и компьютерную томограмму мозга. Все оказалось в норме.

— Они сказали, что это ваше лекарство так подействовало. Сказали больше не давать. А сейчас он спит.

— Да, это бывает, не волнуйтесь! — говорю я маме, думая про себя: вот я буду волноваться. — Пусть сегодня поспит, давайте ему больше пить, а завтра приведите его ко мне на прием.

Вечером я звоню им домой — с мальчиком все в порядке, я слышу на заднем фоне его жизнерадостную болтовню.

И вот Сэм снова у меня в кабинете. Выглядит прекрасно, скачет, как обычно.

— Такие реакции бывают, если есть предрасположенность к некоторым психическим заболеваниям, — объясняю я маме. — Мы с вами это обсуждали. Но ведь у вас в семье таких проблем нет, мы об этом тоже говорили.

Тут я замечаю, что у мамы весьма смущенный вид.

Доктор, можно с вами поговорить без Сэма?

Мы выходим в коридор. Дверь я оставляю открытой — на всякий случай — и краем глаза наблюдаю, как Сэм, вооружившись моим неврологическим молоточком простукивает все, что попадается под руку.

— Понимаете, доктор, как бы это сказать... в общем, его бабушка... его бабушка думает... мнется мама, и наконец выпаливает: — Его бабушка часто думает, что она кенгуру.

— Что???

— Ну да, она прыгает по квартире, как кенгуру. И вещи складывает в карман фартука. И разговаривать не хочет. (Испуганно): — Но она очень тихая, мирная, не буянит. Просто воображает, что она кенгуру. Я не думала, что это так важно.

— Скажите, я вас правильно поняла? — (может это все мне мерещится с недосыпа) — бабушка Сэма считает, что она кенгуру?

Мама кивает. Она явно чувствует себя неловко.

Мы возвращаемся в комнату, и я отбираю у Сэма свой молоточек.

— Идите домой, — говорю я маме, с трудом сохраняя серьезное выражение лица. — С Сэмом все в порядке. Просто ему нельзя принимать некоторые лекарства. Приходите через месяц.

Я с хохотом выбежала из кабинета и бросилась к своему медбрату, который делал какие-то записи в компьютере. Не в силах сдержаться, я вывалила ему всю историю.

— У него бабушка — ха-ха-ха — кенгуру! Ха-ха-ха... и я должна была это предвидеть! Я должна была включить этот вопрос в интервью!.. между аллергиями и прививками!.. не притворяется ли кто-нибудь в семье кенгуру!

Теперь хохочем уже мы оба.

На необычный шум подтягиваются медсестры, два других доктора, у которых прием параллельно со мной, секретарша и администратор. Через некоторое время хохочут все. И каждый хочет вставить свое слово.

— А вы не спросили, может у них кто-нибудь притворяется обезьяной и качается на люстре?

— А вы не забыли выяснить, никто в семье не ведет себя как крокодил? Ну там живет в ванной, кусает всех за ноги?

А верблюда в семье нет? — ну, может кто-нибудь три месяца не ест, не пьет и все время плюется?

И много другого в таком же духе.

История разошлась и зажила собственной жизнью. Я, во всяком случае, несколько раз слышала ее от резидентов в последующие годы.

Вот как, оказывается, складывается медицинский фольклор.

Пессимистическая комедия

Без проблем в нашем мире ничего не бывает. Даже в нашей замечательной медицине их хватает. Вот я сейчас на пальцах покажу, как я их вижу.

Действующие лица:

АДМИНИСТРАЦИЯ — дракон о трех головах: голова Старшая, голова Заместитель и голова Секретарь.

СТРАХОВКА — толстая разбитная тетка, на каждом пальце по кольцу, на шее крупные бриллианты.

ФАРМАЦЕВТИЧЕСКАЯ КОМПАНИЯ — красивая рослая деваха в безупречном деловом костюме и на высоченных каблуках, с несмываемой улыбкой на лице.

ДОКТОР — усталый полный мужчина. На работе в белом халате. На шее фонендоскоп, из кармана торчит молоточек и пачка бумаг. Халат расстегнут, на ремне бипер и телефон.

БОЛЬНОЙ N. — просто больной.

СЫН ДОКТОРА — скромный молодой человек.

Сцена 1

Доктор и Администрация сидят друг напротив друга. Старшая голова нависает сверху и периодически выпускает на доктора клубы зловонного дыма. Голова-секретарь покусывает доктора за ляжки, а он старается лягнуть ее в ответ.

Разговаривает Голова-заместитель.

ЗАМЕСТИТЕЛЬ. Доктор, вы смотрите слишком мало больных!

ДОКТОР. Что вы такое говорите, я смотрю больных с утра до вечера!

(Пищит бипер).

ДОКТОР (смотрит на бипер, нажимает какие-то кнопки на телефоне). Я вам перезвоню через пять минут.

ЗАМЕСТИТЕЛЬ. Вам надо улучшить продуктивность.

ДОКТОР. Где мне взять время? Я еще учу резидентов и студентов, читаю лекции и дежурю каждый второй выходной!

(У доктора на поясе звонит телефон.) Доктор (в трубку). Я же сказал— через пять минут!

ЗАМЕСТИТЕЛЬ. Вы не генерируете доход!

ДОКТОР. Помилуйте, какой доход. У меня три четверти практики на государственной страховке. Вы же сами знаете, как они платят.

ЗАМЕСТИТЕЛЬ. Тогда мы заберем у вас половину секретаря и три четверти медсестры. И сократим время на каждого больного.

ДОКТОР. Но у меня сложные больные! Они хроники, у них лекарства, они, наконец, медленно передвигаются!

ЗАМЕСТИТЕЛЬ. Вечно вы, доктор, все усложняете.

(Одновременно звонят и телефон, и бипер).

ГОЛОВА-СЕКРЕТАРЬ (ёрническим голосом). И на звонки вы не отвечаете!

ДОКТОР. (Срывает с себя телефон и бипер, швыряет ими в заместителя и лягает секретаря). Я от вас ухожу! В частную практику! Заявление об уходе пришлю по почте. (Убегает).

(Старшая голова выпускает ему вслед особенно большое облако зловонного дыма.)

Сцена 2

(Доктор в своей практике, без халата, в костюме. На шее — фонендоскоп, на ремне два бипера и телефон. Разговаривает по второму телефону со Страховкой).

ДОКТОР (перебирая бумаги). Вы отказались платить за лекарство A моему пациенту N. Почему?

СТРАХОВКА (покрывая ногти лаком). Этого лекарства нет в списке.

ДОКТОР. Это лекарство уже два года как вышло на рынок.

СТРАХОВКА. А в нашем списке его нет. Страховка заплатит за лекарство B, C и D.

ДОКТОР. Я же вам присылал документы. Лекарство B ему не помогло, на C была такая аллергия, что его раздуло в два раза, а D ему нельзя — у него и так увеличена простата.

СТРАХОВКА (с интересом). А где же вы взяли лекарство A?

ДОКТОР. Фармацевтическая компания дала мне образцы. Больному N сразу стало лучше.

СТРАХОВКА. Я сожалею, но лекарство A не оплачивается.

ДОКТОР (растерянно). Что же я скажу своему больному?

СТРАХОВКА (подкрашивает губы). Как я могу вам что-то советовать!? Вы же доктор! Вы и решайте.

(Доктор некоторое время сидит в раздумии, потом снимает с пояса второй телефон).

Сцена 3

ДОКТОР (звонит). Здравствуйте, мистер N. Это ваш доктор. Как вы себя чувствуете?

ПАЦИЕНТ. Спасибо доктор, мне теперь гораздо лучше. Это лекарство A просто чудо.

ДОКТОР. У меня для вас грустные новости. Ваша страховка лекарство A не оплачивает. Я пытался апеллировать, но безрезультатно.

ПАЦИЕНТ. Как же быть? Я не могу его покупать, это съест половину моей месячной пенсии.

ДОКТОР. К сожалению, я ничем не могу помочь.

ПАЦИЕНТ. Но вы же доктор! Сделайте что-нибудь!

ДОКТОР. Ну что я могу? Это ваша страховка.

(Пациент N бросает трубку и плачет. Доктор сидит расстроенный).

Сцена 4.

(Без стука входит Фармацевтическая Компания, волоча за собой чемодан на колесах. Под мышкой рулон.)

ФАРМАЦЕВТИЧЕСКАЯ КОМПАНИЯ (фальшиво-радостным голосом). Здравствуйте, доктор, как я рада вас видеть! Как вы поживаете?

ДОКТОР (злобно). Хорошо.

ФАРМАЦЕВТИЧЕСКАЯ КОМПАНИЯ. Я вам принесла угощение (кладет на стол бублик) и оборудование для офиса (кладет на стол шариковую ручку). Пробовали ли вы лечить кого-нибудь моим лекарством А?

ДОКТОР (поневоле втягиваясь в беседу). Да, хорошее лекарство, эффективное, и хорошо переносится. (С надеждой). А не могли бы вы дать мне еще образцов, сроком эдак на годок?

ФАРМАЦЕВТИЧЕСКАЯ КОМПАНИЯ. К сожалению, мы закончили снабжать докторские офисы образцами лекарства А. Но посмотрите, я принесла вам совсем новое лекарство Е — кладет на стол пять коробочек. Это на целых пять недель.

Сейчас я вам расскажу, как оно работает. (Разворачивает перед носом доктора огромный плакат с графиком).

ДОКТОР (выглядывая из-за плаката). А страховкой оно будет оплачиваться?

ФАРМАЦЕВТИЧЕСКАЯ КОМПАНИЯ. Э-э-э...

ДОКТОР (швыряет в Фармацевтическую Компанию коробочки и бублик. Хочет кинуть и ручку, но в последний момент передумывает и засовывает ее в карман. Фармацевтическая Компания убегает).

Сцена 5

(Доктор дома, но продолжает работать в своем домашнем кабинете. Одет в купальный халат, на поясе два телефона и два бипера. Разговаривает по третьему телефону со Страховкой).

ДОКТОР. Вы не заплатили мне за лечение больных X, Y и Z!

СТРАХОВКА. Ваш офис неправильно оформил бумаги.

ДОКТОР. Мы послали вам по две страницы дополнительной информации на каждого больного!

СТРАХОВКА (роется в бумагах). Да... Вижу... (С торжеством). Вы не поставили свои инициалы на каждой странице! Как мы можем быть уверены, что документы подлинные? Вам придется прислать нам документы снова, с инициалами. Если все будет в порядке, заплатим в следующем месяце.

ДОКТОР (растеряно). Но мне же надо чем-то платить зарплату сотрудникам!

СТРАХОВКА. В следующем месяце!

(Доктор бросает телефон и плачет).

Сцена 6

(Доктор плачет. В кабинет врывается сын, скромный юноша, размахивая какой-то бумажкой).

СЫН. Папа, папа, меня приняли в медицинский институт, вот письмо!

(Доктор громко рыдает).

СЫН. Папа, ты не понял. Меня ПРИНЯЛИ в медицинский институт! Я буду доктором, как ты! Обучение стоит всего 80 тысяч долларов в год!

(Доктор хватается за сердце и падает замертво).

(Занавес. На нем крупными буквами написано: ПРАКТИКА ЗАКРЫТА).

Ангел

Здоровых и нормальных детей в моей практике практически не бывает. И правильно! Что здоровому ребенку делать на приеме у невропатолога! В какой-то момент мне начинает казаться, что неврологически здоровых детей на свете вообще не осталось. У всех подряд задержка развития, проблемы с учебой, депрессия, ADHD, аутизм, эпилепсия или, на худой конец, мигрень. Когда у меня совсем пропадает точка отсчета или, как говорят некоторые знакомые фотохудожники, «замыливается глаз», мой ангел посылает ко мне на прием нормального ребенка. Это может быть случайность, ошибка, результат жестокой нехватки времени у педиатра, да мало ли что. Мой ангел знает, что делает.

У каждого человека есть свой ангел, просто не все об этом догадываются.

Я радуюсь нормальному ребенку, как празднику. Если он маленький — я с ним играю, если постарше — разговариваю, если тинейджер — беседую о высоком. Иногда это бывает очень поучительным.

В тот день мой ангел привел ко мне девочку

семи лет. В карте было написано, что основная жалоба — моторный (двигательный) тик. Мама рассказала, что Лили (так звали девочку) моргала и ритмично подергивала плечом, но пока они ждали визита — целый месяц, — все прошло, и сейчас их уже ничего не беспокоит. Девочка сразу показалась мне симпатичной и разумной, и я уже решила, что никаких сюрпризов, которыми так богаты мои приемы, не будет.

Грамотный сбор медицинской истории в педиатрии начинается со стандартного вопроса о протекании беременности. И тут я замечаю на лице у мамы легкую тень. Я хорошо знаю это выражение и быстро приглашаю маму выйти со мной в другую комнату. Она не удивляется. Оставив Лили строить замок из кубиков, мы уединяемся в соседнем кабинете.

— Я ей не мама, а тетя. Это дети моего брата.

— Дети?

— Да, есть еще два мальчика — шести и четырех лет. Мы взяли их три года назад. Когда она (слово *«она»* произносится с неприязнью) была беременна Лили, то принимала наркотики и пила. Правда, ребенок родился здоровым.

— С кем же Лили жила до четырех лет?

— До двух лет — с родителями, а потом её забрали, потому что родители постоянно скандалили, пили и дрались. Потом Лили жила во временных приемных семьях (foster care).

— Господи, опять это множественное число!

— А почему не в одной приемной семье?

— Её три раза возвращали родителям, думали, что у них наладится, но каждый раз забирали обратно. Когда это случилось в последний раз, мы с мужем решили их взять к себе. Их к тому моменту было уже трое.

Я собираю остальную историю. Выясняется, что в семье есть еще ребенок, дочка мамы-тети. Ей восемь лет. Родители Лили лишены родительских прав. Сама Лили ту часть своей жизни помнит, но вопросов пока не задает, а маму-тетю называет просто мамой. Учится Лили очень хорошо и никаких проблем с поведением у нее нет.

Вот тебе и визит без сюрприза! Но все же что-то в этой истории не так, что-то не сходится.

Мы возвращаемся к Лили, которая уже построила замечательный замок.

Неврологический осмотр я начинаю с некоторым опасением, а кончаю в крайнем замешательстве.

Я слишком хорошо знаю последствия внутриутробного воздействия алкоголя и наркотиков, психотравмирующей обстановки раннего детства, отсутствия стабильности и нормального ухода.

Но у Лили ничего нет!

Пропорциональное милое личико, нормальные параметры роста, хорошо развитая речь, девочка спокойная и контактная. Неврологический осмотр превращается для меня в сплошное удовольствие.

Так не бывает! Может мама-тетя все это сочинила?

Под конец я задаю Лили вопрос, который обычно приберегаю для детей постарше.

— У тебя есть подружка в школе?

Её лицо освещает улыбка:

— Да, Джессика.

— А почему? Почему именно она твоя подружка?

Я жду стандартного ответа: «мы сидим вместе» или «мы играем вместе». Дети постарше могут сказать: «нам нравятся одно те же» или «она добрая, она мне помогает».

Но я слышу совсем другое.

— Когда она рядом, мне хорошо.

Я молчу, потому что не верю своим ушам, а Лили решает, что я жду продолжения и добавляет:

— Если мне грустно или скучно, она меня обнимает.

Ну что ж, у этой девочки с интеллектом и эмоциями все в порядке. Этого не может быть, но это так. Надо подумать, порыться в литературе... дальше мысли бегут по проторенной докторской дорожке...

Я быстро объясняю маме-тете про тик, говорю,

что это совсем не страшно и не опасно, что весьма вероятно, он вообще не вернется, а если вернется — приходите снова.

Женщина рассеянно кивает, выражение лица у нее какое-то отсутствующее. Наверное, устала, — утром работа, визит длился почти час, а дома ждут еще трое.

Лили выходит из комнаты, нагруженная наклейками и разноцветными ластиками в виде миниатюрных мозгов, а мама-тетя почему-то задерживается.

— Доктор, еще минутку... Я ведь совсем не из-за этого к вам пришла. Мне про тик наш педиатр уже все объяснил.

Вот тебе и раз!

— Когда мы брали Лили, мне сказали, что она будет плохо учиться, и вообще может получиться... женщина делает над собой усилие — недоразвитая. И я потом сама читала на интернете... Я даже мужу тогда не сказала, боялась, что он передумает. А Лили из всех моих детей самая уменькая и послушная. Скажите, так бывает? Вы когда-нибудь такое видели? А не может это все... вернуться?

Она говорит сбивчиво, но я её прекрасно понимаю.

Вот для чего она пришла! Получить ответ, которого я не могу ей дать. Да я себе не могу все это объяснить!

Я нахожу взглядом Лили — та остановилась подождать мать и перебирает свои подарки.

Я уже открываю рот, чтобы сказать что-то типа: внутриутробный алкогольный синдром... или синдром ранней детской депривации... и пуститься в объяснения и рассуждения. Но вместо этого я говорю что-то вовсе не научное, а совсем наоборот.

— Нет, так не бывает. И я такого никогда не видела. Но с вами это случилось. У вашей девочки очень сильный ангел. Он её защитил. И он не позволит, чтобы беда к ней вернулась.

Некоторое время мы смотрим друг на друга молча. Лили надоедает стоять одной, и она возвращается к нам.

— Я тоже буду так думать, — говорит женщина и вдруг обнимает меня.

Она берет дочку за руку, и они уходят, а я, естественно, смотрю им вслед.

— Ну наконец-то дошло, — сварливо бурчит мой ангел, — а то вечно ты так: «подумать, порыться в литературе».

— Не ворчи, — отвечаю я. — Хорошеньким бы я была врачом, если бы постоянно ссылалась на ангелов.

Ни за что, доктор Джи!

У меня обе руки левые. Все это знают. Первым понял это мой папа. Когда я что-нибудь рассыпала или роняла, он гладил меня по голове и называл огородницей. Почему именно огородницей, я так и не узнала, о чем жалею до сих пор.

В юности я пошла на курсы кройки и шитья. Пока изучалась теория, я была на высоте, но когда надо было сшить два кусочка ткани или проложить ровный шов — вот тут-то все сразу становилось ясно. Папа смотрел на мои мучения и прозорливо советовал:

— Олечка, учись зарабатывать деньги. А шьют для тебя пусть другие.

На протяжении жизни на меня время от времени нападали приступы рукотворчества. Я последовательно пыталась научиться вязать, вышивать и рисовать. Попытки кончались раздачей ниток, крючков, красок и прочего инвентаря желающим, а я возвращалась к умственному труду.

Последний всплеск ручного зуда произошел года три назад, когда я вдруг принялась делать кукол. Пожалуй, из всех моих рукодельных увлечений это было самое удачное. Причин было две.

Во-первых, помогало богатое воображение, а кривой шов или неровные складки можно было всегда скрыть пуговкой или ленточкой. Во-вторых, в тот период в нашей жизни произошла некая драма, и куклы как-то помогли мне справиться с ней. Во всяком случае, я сделала дюжины две кукол, раздарила их друзьям и сослуживцам, и все остались довольны.

Но случались у меня и моменты побед. Обычно они происходили под влиянием чувств, которые для меня являются сакральными. Это любовь, чувство долга и страх.

Об одном таком случае я и хочу рассказать.

В канун Рождества 1993 года я, резидент-педиатр второго года, приняла ночное дежурство в отделении детской интенсивной терапии и реанимации.

Ночная смена — с 7 вечера до 7 утра. Я надеялась на спокойную ночь. На одной койке лежал астматик, которого вывели из приступа еще с утра, и завтра должны были переводить в общее отделение. Рядом, на узенькой кушетке спала его мама. На другой койке — трехлетняя девочка со СПИДом. Она поступила с сепсисом, и здесь тоже все было под контролем — инфекционист смотрел, тесты сделаны, антибиотики капают, главное — следить, чтобы не вылетели внутривенные линии, а если вылетят, поставить новые. Рядом с ней никого нет: ее мать уже умерла.

Остальные кровати пусты, застелены чистым бельем, и рядом с каждой журавлями высятся стойки для мешков с физраствором и лекарствами. Они ждут...

И тут нам сообщают, что к нам поступает двойное авто — автомобильная катастрофа, два пациента. Сейчас наше авто в операционных. Налаженный механизм срабатывает быстро: одна медсестра принимает рапорт, другая звонит резиденту-супервайзеру — сегодня это резидентка третьего года Кэйт. Я звоню заведующему. Он поднимает трубку и, не слушая меня, говорит:

— Уже знаю, сейчас буду.

Через 20 минут он влетает в отделение, срывая на ходу пальто.

Доктор Джиордано, сокращенно доктор Джи — царь и бог детской интенсивной терапии. А также деспот и самодур. Резиденты боятся его до коликов. Его самодурство проявляется весьма своеобразно — некоторых резидентов он не пускает на порог своего отделения. Он сначала присматривается, а потом выносит вердикт — этот доктор дальнейший цикл интенсивной терапии у нас проходить не будет. Как он уговорил директора программы согласиться на такое, уму непостижимо. Забракованные резиденты проходят цикл детской интенсивной терапии в другой больнице, до которой надо добираться минут 40 на машине. Там отделение гораздо больше, и постоянно присутствует старший врач, attending. А у нас отделение маленькое, 6 коек и доктор Джи у нас один. Он дежурит круглые сутки, семь дней в неделю, живет близко. Ему прощают всё его самодурство, потому что он может вытащить больного с того света. Он не только знает свое дело, он его чувствует.

Мы ждем.

Вообще-то это не двойное авто, а тройное. За рулем была мать. Сейчас она во взрослой реанимации, и, как это ни грустно, ей лучше бы подольше оставаться без сознания: пробуждение будет ужасным. Два её сына были пассажирами. Младшего — он был не пристегнут — выбросило из машины.

Старшего мальчика, тринадцати лет, привозят к нам первым. Его кровать катят сестра и анестезиолог, а рядом шествует ортопед. Правая нога мальчика подвешена на каких-то сложных кронштейнах, ее буквально собрали из осколков. Ему здорово повезло — он будет жить.

А вот его восьмилетний брат... Его привозят позже, из другой операционной, и сопровождает эту команду нейрохирург. Перелом основания черепа, эпидуральная гематома, отёк мозга. Трубки и провода торчат из него во все стороны. Пока сестры и анестезиолог устраивают его, подсоединяют к аппарату искусственного дыхания и мониторам, нейрохирург что-то тихо говорит доктору Джи. Я просматриваю отчет операции. Вскоре команды покидают нас, увозя одну кровать: старший остается на своей, ортопедической. Медсестра шепотом успокаивает проснувшуюся маму астматика и задергивает вокруг их секции плотную занавеску.

Доктор Джи кружит рядом с новенькими, словно исполняя какой-то странный танец — подойдет то к одному мальчику, то к другому. Здесь подкрутит какое-то колесико, тут подрегулирует монитор, там заглянет под краешек повязки. Приподнимет веко, легонько потянет за интубационную трубку, передвинет на сантиметр пластырь. В общем, колдует.

Я начинаю записывать истории болезни, а Кэйт проверяет приказы.

Так проходит около часа, и тут у старшего мальчика звучит аларм — звонок тревоги. Доктор Джи не реагирует — он знает звуки своего отделения как любимую песню.

Мы с Кэйт подходим к кровати.

— Ага, говорит она, — вылетела артериальная линия. Поставим новую. Ты уже ставила?

Каждый резидент должен освоить определенные навыки. У меня есть маленькая тетрадка, где я записываю процедуры, которые делаю. У меня все в порядке с забором крови, внутривенными линиями (включая новорожденных), катетеризацией мочевого пузыря (включая мальчиков), спинальными пункциями. Я даже — о ужас! — два раза делала обрезание! Напротив каждой записи — дата и подпись супервайзера, резидента третьего года. Но артериальной линии я еще не делала.

Артериальная линия — дело тонкое. В буквальном смысле. Иголка со специальным тонким катетером вводится в артерию — обычно бедренную или лучевую. Катетер будет соединен с монитором, и мы постоянно будем знать, какое у пациента давление и газовый состав крови. Такие линии стоят у всех критических больных — и детей, и взрослых.

Медсестра быстро приносит нам стандартный набор для артериальной катетеризации, соответствующий весу больного, и два стерильных комплекта обмундирования, в которые мы и облачаемся. Доктор Джи усаживается за компьютер, чтобы нам не мешать.

Кэйт показывает мне тонкости — секреты мастерства.

— Угол чуть-чуть поменьше, чувствуешь, как пульсирует артерия? Чуть-чуть медиальней, давай! Я прокалываю кожу и продвигаю иглу вперед. Я много раз видела, как это делают другие.

«Дальше», — говорит Кэйт. — Пройди 3 миллиметра вперед и миллиметр в сторону.

И тут снова звучит аларм. Теперь это совсем другой звук, потому что доктор Джи, который только что подрёмывал у компьютера, уже у постели второго мальчика. Кэйт тоже улетучивается мгновенно, и две свободные медсестры — все они там, вокруг младшего из мальчиков. У него остановка сердца.

А я остаюсь наедине со своей артериальной линией. Правда, со мной третья медсестра, но медсестры артериальные линии не ставят — процедура сугубо врачебная. Мгновенно облившись холодным потом, я чуть-чуть продвигаю иглу вперед. Никакого эффекта. Еще вперед — на миллиметр. Если пройти чересчур далеко — проткнешь артерию и будет кровотечение. Если слишком много попусту елозить иголкой вокруг, с артерией может случиться спазм. И в том, и в другом случае эта артерия для линии служить не сможет несколько дней.

Хорошо, что больной без сознания, мелькает у меня кощунственная мысль. Я могу вынуть иглу, прижать артерию и попробовать другую, когда Кэйт освободится и сможет мне помочь. Но я почему-то этого не делаю. Еще миллиметр и еще.

— Уменьши наклон, шепотом говорит мне медсестра.

Еще миллиметр, и в трубочке появляется долгожданная алая пульсирующая капля. Медсестра быстро оттесняет меня и начинает фиксировать линию специальными пластырями. Потом она соединит её с монитором. А я на ватных ногах добираюсь до ближайшего стула. Через некоторое время на соседний стул плюхается Кэйт. Лицо у нее зеленое. Доктор Джи остается у постели младшего мальчика и оттуда смотрит на нас. Он, конечно, все видел.

Через некоторое время кризис ликвидирован. Сердце снова бьется, а моя линия стоит и считывает давление.

Доктор Джи приподнимает какие-то марлечки и говорит:

— Смотрите-ка, здесь надо наложить еще пару швов. Ольга, иди-ка сюда, давай на пару, я на плече, а ты на ноге. Некоторое время мы молча работаем.

К тому моменту, как доктор Джи все закончил, я успеваю наложить всего два стежка.

— Ты молодец, Ольга, — говорит доктор Джи неожиданно. — Только не ходи в хирурги.

— Ни за что, доктор Джи! — отвечаю я, и крепко завязываю свой неровный узелок.

***

Постскриптум. Для желающих узнать дальнейшую судьбу героев.

Старший мальчик поправился и ушел из нашей больницы на костылях — в реабилитацию, долечивать ногу. Младший мальчик умер. Вернее, умер его мозг. Через два дня мы делали ему протокол мозговой смерти — систему тестов, чтобы подтвердить смерть мозга. Его мать согласилась на донорство органов, и его почки и сердце ушли другим детям.

Кэйт училась еще три года и стала неонатологом.

Я поставила еще две артериальные линии и получила свой зачет.

А вот сама я супервайзером в педиатрической резидентуре так и не стала. За «хорошее поведение» и предыдущий опыт работы мне списали один год — зачли трехгодичную резидентуру за два года. Так что в конце второго года я смогла перейти в следующую резидентуру — по детской неврологии.

Потом я приходила в отделение детской интенсивной терапии делать неврологические консультации. Когда в отделении было спокойно, доктор Джи показывал на меня новобранцам и объяснял:

— Это Ольга. Она была моей лучшей резиденткой. Я так хотел, чтобы она пошла в хирургию, а она предпочла неврологию. Может, передумаешь? — и подмигивал мне.

— Ни за что, доктор Джи! — серьезно отвечала я.

Семья

Джон

Ну наконец-то семь часов, конец смены. Сейчас Ронда должна подвезти ребят. У Малыша в восемь утра визит к его неврологу, а потом поведем Ника на рентген. Как я здорово все организовал! Еще позавтракать в кафе успеем. Как там Ронда справилась, у нее вчера так спина болела. Придем домой — дам ей поспать. Хотя мне тоже не помешает, ночь была тяжелая, ни на минуту не присел. Ладно, там сообразим, может обоим удастся. Хорошо все-таки, что я в больницу устроился, да еще в приемное отделение. Работа, конечно, не сахар — поднеси, подай, подержи, сбегай, и платят так себе, но зато страховка хорошая и врачей всех знаю. Для нас это все! Когда Ронда спину надорвала — какого-то толстяка с каталки перекладывала, мне сразу шепнули, какой у нас хирург хороший, а какой так себе. Теперь она, правда, на инвалидности сидит, да ладно, пусть отдохнет, а по деньгам это почти и не чувствуется.

И с неврологом как повезло!

— Ронда, Ронда иди сюда, я столик в уголке занял. Как добрались, как ночь прошла?

Ронда крепко держит за руку Малыша. Ему на вид лет десять. Он безразлично глядит в сторону и периодически издает нечленораздельные звуки. Рядом с ними Ник — красивый парнишка лет четырнадцати. Он несет два школьных рюкзака, большую сумку матери и еще одну сумку, плотно чем-то набитую.

— В автобусе — в порядке, а вот перед выходом второй раз пришлось все менять, опять уделался. Мы позавтракать не успели.

Голос у Ронды спокойный и какой-то потухший.

— Сейчас, сейчас, я вас накормлю!

Джон убегает, а когда он возвращается с подносом бубликов, плавленого сыра, кофе и колы для мальчишек, Ронда спит, уронив голову на руки. Малыша крепко держит Ник.

Джон смотрит на него вопросительно. Ник пожимает плечами.

— Малыш ночью просыпался.

— А ты?

— Я хотел сменить, но мама не разрешила, сказала у меня сегодня тест по математике, надо выспаться.

Джон молча смотрит на них троих и его охватывает беспомощность и гнев, которые он привычным усилием заталкивает в глубину — потом, потом все надо будет обдумать и осмыслить, а сейчас надо толкать процесс. Он перехватывает у

Ника Малыша, будит Ронду — она просыпается моментально и как-то покорно, отчего у Джона сильно сжимается сердце. Джон пододвигает к ней стаканчик кофе, мажет бублик плавленым сыром, кивает на поднос Нику и пытается впихнуть в Малыша кусочек бублика. Малыш отворачивается и мычит.

— В кармане рюкзака его сухари, — тихо говорит Ронда.

Через пять минут завтрак закончен.

Годы жизни с Малышом приучили их есть очень быстро — ведь в любой момент может что-нибудь произойти — Малыш вырвет руку и унесется как ветер, или смахнет все со стола, или вдруг рассердится и начнет бить себя по голове, так что останутся синяки. Из-за этих синяков к ним уже из Службы защиты детей два раза приходили, проверить, не они ли Малыша бьют! Хорошо, что доктор написала им большую бумагу. Джон в эту бумагу заглядывал — тон там был весьма свирепый! Типа отстаньте от хороших родителей, которые делают все для своего Малыша. Просто у него аутизм.

Конечно, было написано медицинским языком, и Малыш там именовался Джон Младший. Но и Службу защиты детей тоже можно понять. Вон сколько пишут про извергов, которые детей бьют, а уж таких как Малыш — несмышленых, беззащитных — особенно. Джону приходилось видеть такое в приемном покое. И опять Джон заталкивает непрошеные мысли вглубь — что будет с его семьей если с ним что-нибудь случится — потом, потом, вечером он поговорит с Рондой, надо все-таки ужаться и купить страховку от несчастного случая!

Но это потом. Сейчас Джон ведет свою семью в другое крыло здания, где находятся медицинские офисы.

Ронда

Как болит спина! Может, всё-таки сказать Джону? Нет, потом, потом. Всё равно придется Малыша поднимать. Вот доберусь до дома, приму сразу три таблетки. Доктор, правда сказал, что больше двух нельзя, да ладно.

Хорошо, что нас в этом офисе знают, медсестра сразу завела нас в комнату. Мы здесь никогда не ждем! В других местах не так. Я сразу плюхаюсь в кресло, Джон с Ником — на кушетку, где обычно смотрят больного, а Малыш бегает туда и сюда. Он не любит закрытых пространств. Но здесь это безопасно, далеко не убежит. Все-таки когда я ходила на работу, лучше было. Мы с Джоном чаще виделись. Малыша автобус заберет, а мы вдвоем на работу. В одной машине! Поговорить удавалось.

У нас как-то зашел разговор, сможем ли мы сдать Малыша — ну в специальное учреждение, где за ним будут ухаживать. Джон этот разговор тогда завел, а я сказала — нет, никогда! И он не настаивал. А теперь я думаю, кого мне жалеть больше — Малыша или Джона с Ником?

Ну Ник, что уж теперь, у него детства не получилось, он как-то сам вырос, да он через четыре года от нас в колледж уйдет. А Джон? Дальше ведь только хуже будет...

— Ник, Ник, держи папу, он у тебя сейчас на пол упадет!

Джон (просыпаясь):

— Простите ребята, задремал. Доктор еще не приходил? Малыш, оставь раковину в покое, сколько можно руки мыть, давай лучше мы с тобой эту лужу вытрем, а то сейчас доктор придет.

Доктор

Входит доктор. Это немолодая женщина в очках с тонкой оправой.

— Всем доброе утро. Малыш, подожди, не бегай, посиди у мамы на руках.

Ронда ловит Малыша и прижимает к себе.

— Ну как у нас с новым лекарством?

— Лучше ему, — говорит Джон, — он перестал себе руку кусать и кричит меньше. В школе тоже, учителя говорят, спокойнее стал. Только вот проблема у нас большая... — Джон замолкает, подбирая слова, его выручает Ронда.

— Мы его никак не можем приучить садиться на унитаз. Малыш его боится. В школе ходит, а дома — никак! Мы уж и унитаз поменяли, и Ника просили показать.

— Мам, ну ладно!
— Прости, Ник.
— Я письмо напишу, — говорит доктор, — вам специалиста домой пришлют, чтобы он с Малышом поработал, именно над этим.

— Спасибо доктор, вы не представляете, как это для нас важно.

Ещё бы мне не представлять, думает доктор. А вот что я не представляю, это как они столько лет своего Малыша дома тянут.

— Давайте-ка я его посмотрю, — говорит она вслух.

Мне нравится эта докторша, размышляет Джон. Она Малыша не боится. Подходит, слушает, гладит. Предыдущий врач на него только с другого конца комнаты смотрел. Я знаю, Малышу лучше уже не станет. Разговаривать он никогда не будет. От лекарств он делается немножко дурной, но хоть себя кусать перестал и в школьный автобус его можно усадить, раньше и этот процесс на троих был, а сейчас Ронда одна справляется.

— Я хотела бы вас спросить, как семью, — говорит доктор, — вы когда-нибудь задумывались о том, чтобы устроить Малыша жить в учреждение, там за ним будут ухаживать...

— Один раз, но Ронда... Ронда, Ронда, проснись! Извините, доктор. Мы с Рондой об этом потом поговорим, вечером. А почему вы сейчас об этом спросили?

— Вы с Рондой становитесь старше, сил у вас меньше, а Малыш мальчик крупный, он скоро больше Ронды будет и тогда... Джон, Джон, не плачьте, я найду вам хороший интернат, вы его сможете там навещать сколько хотите! Ронда, не плачьте, Малыш куда ты? Ник, быстро за ним!

Медсестра, заглядывая в комнату:

— Доктор, почему вы плачете, принести вам воды?

— И им тоже! — говорит доктор.

Возвращается Ник, таща за собой упирающегося Малыша, которого теперь перехватывает Ронда.

— Спасибо! — говорит Джон.

— За что? — отвечает доктор, всхлипывая.

— За то, что этот разговор завели и плачете с нами. Всё, ребята, мы на рентген опаздываем.

И они вместе вываливаются из комнаты — Джон с Малышом на буксире, прихрамывающая Ронда и Ник, навьюченный четырьмя сумками. Семья.

Группа поддержки

У меня теперь есть группа поддержки!

Только не подумайте, что это группа поддержки меня. Это группа поддержки для семей, воспитывающих детей с аутизмом. Моя группа — в том смысле, что я её как бы организовала. Почему как бы — сейчас расскажу.

Некоторое время назад на меня свалился грант. Я его не просила, но так получилось, что его уже кинули, подхватить было некому, а тут подвернулась я. Грантом его можно было назвать весьма условно — не так уж велика была сумма. С грантом было спущено назначение — «На развитие Центра Аутизма». Дающие не очень хорошо представляли, что такое Центр Аутизма и как его развивать. Но, как говорится, даренному гранту в зубы не смотрят, и совершив необходимое количество поклонов, я стала раздумывать, на что эти деньги потратить. Логопеда на них не наймешь, помещение не арендуешь.

Для начала я приобрела iPad со специальной программой, которая разговаривает за ребенка — ему надо только нажимать кнопки. Это для демонстрации — родителям детей с невербальным аутизмом. Потом купила большой и веселый пластиковый домик и поставила его в приемную. Наша приемная комната — весьма интересное место. Прием ведут одновременно несколько врачей неврологического отделения. Приемная большая и условно поделена на две половины — взрослая и детская. Два телевизора — один со взрослым содержанием — реклама, новости, и второй — по моему настоянию — с мультфильмами. На взрослой половине больные с паркинсонизмом, деменцией, головной и вообще хронической болью, обычно в сопровождении более здорового супруга, взрослых, немолодых уже детей или домработников. На детской половине мой контингент, где здорово выделяются пациенты с аутизмом и особо активные с СДВГ. У персонала есть четкие инструкции сразу заводить особо шумных и гипермоторных в комнаты, чтобы не напрягать взрослых больных. Понятно, что игрушки не должны попадать под ноги паркинсоникам или производить звуки, раздражающие страдальцев с головными болями.

Я поставила домик в угол детской половины. Потом я прикупила пару столиков с поверхностью, заполненной цветным песком, который можно двигать магнитом, и разноцветные стульчики. Эпицентр детской половины сместился из середины, от телевизора с мультиками, в угол — подальше от взрослых с их инвалидными креслами, и получилось хорошо.

Потом я купила игрушки. Игрушки во врачебных офисах должны отвечать множеству требований, и при этом оставаться привлекательными и интересными. До этого я покупала кое-что на свои деньги, а тут развернулась и ни в чем себе не отказывала! В комнатах, где мы смотрим детей, стало гораздо веселее. И наконец, войдя во вкус, я приобрела небольшую библиотеку. Это были книги про аутизм и СДВГ как для родителей, так и для детей, на английском и на испанском, хорошо и доходчиво объясняющие, в частности, что быть другим это не конец света. Хорошие, надо сказать, книги и не дешевые. Когда я уже присматривалась к мягким, бесформенным, но очень удобным детским креслицам, начальство вдруг вспомнило про меня и мой грант, решило, что деньгам можно найти и лучшее применение, и быстренько конфисковало оставшиеся тысячи полторы. Но что потрачено, то потрачено!

И вот смотрю я на свою библиотеку и думаю, что с ней делать дальше. Вообще-то, когда я её покупала, у меня в голове был смутный план, что я буду давать книги родителям и детям домой. Запоздало я сообразила, что это еще один процесс, который мне придется толкать самой! Записывать, проверять, звонить «несдатчикам». Тратить на это время! Еще 15 или 20 минут в конце рабочего дня, когда ты уже и так окутан мутной пеленой усталости и мечтаешь только унести ноги. И где были мои мозги! Наверное, расплавились, так было приятно тратить грант.

Иду я на поклон к нашей социальной работнице Веронике. В штате нашего центра есть такая должность — *social worker*. Не буду сейчас рассказывать, чем она занимается, чтобы не отвлекаться, но мне она очень помогает.

Вероника личность замечательная. Ее просто хлебом не корми, а дай кому-нибудь помочь. Увидев книги и iPad с программой, она тут же воспламеняется! Примкнуть штыки, прочистить чакры — и вперед!

Мы делаем группу поддержки! Для семей, воспитывающих детей с аутизмом!

Не успеваю я оглянуться и изумиться, как разрешение администрации получено, объявления развешены по больнице и даже опубликованы в местной прессе, помещение зарезервировано, деньги на покупку угощения для участников получены из каких-то неведомых мне социальных фондов. При этом я ничего не делаю! Я как рыбка — вяло пошевеливаю плавниками, наблюдая за бешеной энергией кита-Вероники.

В первый день на нашу встречу явились шесть человек. Вероника потом уверяла меня, что для первого раза это даже очень много. Двое из них — семьи моих пациентов, остальные просто увидели объявление и пришли. Надо сказать, что я плохо представляла, что же там будет происходить. Я сняла свое докторское удостоверение, спряталась в уголок и приготовилась наблюдать. Но не тут-то было!

Вероника вытащила меня из угла и с энтузиазмом представила группе: «А это наш замечательный доктор! У нее огромный опыт в области аутизма (это правда, я занималась аутизмом задолго до того, как это стало «модно»), она организовала эту встречу (враки, все сделала Вероника), и сейчас она нам скажет зачем мы здесь собрались (а вот это сюрприз. Я совершенно не знаю зачем мы здесь собрались).

Я смотрю на свою аудиторию, а она на меня, выжидательно. И вдруг я понимаю, что во время приема я практически никогда не смотрю на родителей, всегда сразу на детей, которые притягивают мое внимание, как магнит.

Про этих шестерых женщин — кстати, первое наблюдение, только мамы и бабушки — я знаю, что они растят детей с аутизмом. И тут я понимаю, по крайней мере, зачем здесь я. И сейчас я об этом скажу.

— Я здесь потому, что мне нужно лучше понять вас. Чтобы лучше понять, что происходит после того, как ваш ребенок получает от меня свой диагноз, направления, рецепты. Я понимаю, что происходит с ребенком, но я совершенно не знаю, что происходит с вами. Мне нужно понять именно это, тогда я буду как врач лучше для вашего ребенка. А организовала все это вовсе не я, а Вероника, за что я ей весьма признательна.

После этого мне удается убраться в свой уголок. Я слушаю, и за следующий час узнаю немало поучительного.

Вот Мария. Она приехала из Пуэрто-Рико со своим 13-летним сыном — «потому что для него здесь больше возможностей». Их здесь только двое, вся семья осталась в Пуэрто-Рико. В школе мальчику нравится, но больше никакого контакта у них ни с кем нет. Мария работает на уборке домов и говорит по-английски с трудом. Она напряженно слушает про спортивные программы и разные кружки и спрашивает Веронику, можно ли ей подойти после группы переспросить то, что она не поняла. Когда она понимает, что Вероника еще бегло говорит по-испански, она просто плачет от счастья.

Рядом с ней Кэролайн. У нее тоже 13-летний сын с аутизмом. Совсем другая ситуация — муж, друзья, коренная американка, сидит дома с ребенком. Семья продала дом где-то в Пенсильвании и снимает жилье в Принстоне, чтобы попасть в определенный школьный район. Они делают это уже два года и будут делать пока он не кончит школу. Она все знает про разные программы, и как надо требовать то, что положено по закону.

По другую руку Мелисса. Она уже в приличном возрасте, растит внучку, которой сейчас 11 лет и у которой аутизм и серьезные проблемы с поведением, еще ухаживает за мамой с болезнью Альцгеймера. Ее интересует, есть ли у группы какие-нибудь рекомендации о бесплатных программах, где ее внучка могла бы получить навыки общения. А вот у той симпатичной и на вид веселой толстушки двое малышей — 6 и 4 лет, оба с аутизмом.

Группа постепенно расслабляется, женщины наливают себе чай или кофе, берут булочки, фрукты, выбирают книги, обмениваются телефонами.

Они оживленно переговариваются, делятся бесценной для них информацией, а я мотаю на ус. Например, я с удивлением узнаю, что если я напишу на рецепте «Речевая терапия с элементами социального общения», то страховка за это платит, а если просто «Социальное общение», то не заплатит. Ни за что бы не догадалась, а больным никогда не пришло в голову это мне сказать. И как усаживать в школьный микроавтобус ребенка, который просто не хочет туда залезать. Вероника строчит в своем блокноте — записывает вопросы, чтобы найти информацию к следующей встрече.

Я сижу в своем уголке и пытаюсь примерить на этих женщин историю Иова. Вот оно богатство — ребенок, и вот на горизонте первые шаги, первые слова, первый день в школе, успехи, родительская гордость и счастье. И вдруг — бах, все будет не так, и ничего не будет просто и все, что получено другими как дар, надо будет отвоевывать. Все будет драмой или подвигом — и поход в магазин, и стрижка ногтей, и первое слово, и все, что будет потом. За что, почему, в чем смысл? Вопрос задан, а ответа мне не дает ни книга Иова, и никакая другая из известных мне книг.

Мне очень важно понять, что они сами думают и чувствуют по этому поводу. Кем они себя ощущают — жертвами нелепой случайности или носителями высочайшего смысла? Или вовсе не задаются такими вопросами.

Но кое-что я уже поняла. Они пришли сюда, урвав клочок своего времени, пока дети в школе, вместо того чтобы самим сходить к врачу, сделать покупки или просто отдохнуть.

Значит это им нужно, а следовательно, нужно и мне.

У меня теперь есть группа поддержки.

Сердитая байка

На днях я смотрела одного ребенка младшего школьного возраста с судорогами.

До этого его обследовали в Москве, в одном крупном платном центре. Не буду называть в каком. Смотрю я на документы и сердце радуется. Электроэнцефалограмма сделана качественно, прочитана грамотно. МРТ описана квалифицированно. И диагноз правильный, согласно международной классификации. Лекарство я, правда, сменила, дала менее токсичное. Ну да не будем придираться. В конце концов выбор лекарства — прерогатива лечащего врача, да и с лекарствами в постсоветском пространстве, как я понимаю, туго. Сменила и сменила, он теперь у меня лечится. Больного отпустила, продолжаю бумагами любоваться. И вдруг — на тебе! Ложка дегтя! Отвод от прививок на год! Настроение у меня портится, потому что я сержусь.

Во-первых, я сразу понимаю, что коллега календаря прививок не знает. Не позорьтесь, посмотрите хоть от чего отводите! В этом возрасте по российскому календарю (да и по американскому тоже) никакие плановые прививки не проводится.

Только сезонная, от гриппа.

Во-вторых, чего это коллега боится — что у ребенка школьного возраста вдруг аутизм разовьется? Или вдруг его доброкачественная фокальная эпилепсия превратится в инфантильные спазмы?

Если доктор правильно поставил диагноз, то должен знать про эту форму эпилепсии — что она обычно легко лечится и всегда проходит сама лет в 12–13.

Или доктор не знает при каких неврологических болезнях надо отложить прививки и какие?

А может, личные предрассудки?

В общем, расстроилась я.

Ну да, антипрививочное движение. Оно существует с незапамятных времен. Современные средства массовой информации позволяют распространять фантастические теории во всей их красе. Антипрививочную истерию изучают социологи и психологи. Вот пусть они и объяснят мне, почему величайшее достижение науки и здравоохранения сопровождается этим уродливым антинаучным и опасным явлением.

И это всеобщее зло! В 2012 году на американский Северо-Запад обрушилась невиданная эпидемия коклюша — заболеваемость увеличилась на 1300%! Причина — уменьшение вакцинированной прослойки, следствие антивакцинальной пропаганды. У нас в США родители могут отказаться от прививок по религиозным и личным соображениям. Правда, сейчас вносятся предложения удалить «личные соображения» из причин.

Не буду засыпать уважаемых оппонентов цифрами и ссылаться на умные статьи. Сейчас по интернету все гуляют, как по собственной квартире. Некоторые даже в *PubMed* заглядывают.

Но увы — не очень многие умеют или хотят критически анализировать прочитанное. Я им одну цифру, они мне две. Я им как умерла от ветрянки мать пациента — молодая, красивая женщина, заразилась от ребенка — они мне, что после прививки ребенок перестал разговаривать. И никакие аргументы не убедят, что прививка здесь ни при чем. Мне очень жалко и ребенка, и маму. Я никогда не отнесусь к её жалобам снисходительно или пренебрежительно, и сделаю все, чтобы ей помочь и разобраться в проблеме. Мне это тоже очень важно.

Но в то же время, если все будет продолжаться без изменений, следующее поколение врачей сможет увидеть и полиомиелит, и корь с послекоревым энцефалитом, и ужасные последствия внутриутробной краснухи.

И это будет очень страшно.

А вот теперь можете бросать в меня камни.

О пользе президентских выборов

В начале октября пришли ко мне на приём мама с дочкой. Девятилетнюю дочку (назовём её Тиффани) я лечила уже года полтора. Случай был тяжёлый — как в медицинском, так и в социальном смысле. У девочки — тяжёлый СДВГ (ADHD) и расстройство поведения. И вообще я подозревала, что у неё биполярное расстройство, но попытки загнать это семейство на консультацию к психиатру по многим причинам успехом не увенчались.

У самой мамы — тяжёлый нелеченый СДВГ с нарушениями внимания и процессинга языка, а также вполне объяснимая депрессия. В довершение мама не закончила школу и растит ребёнка одна. Когда мы встретились в первый раз, у них даже не было своей крыши над головой. Какое-то время они мыкались как придётся, жили у родни и даже ночевали в машине, а потом социальные службы поселили их в мотель.

К чести мамы надо сказать, что она барахталась изо всех сил. Два раза она находила работу, и два раза теряла её. Всхлипывая, она поведала мне, как это происходило. Ей постоянно звонили из школы, чтобы она пришла и забрала свою дочку домой. Девочка дралась, не слушалась учителей, убегала из класса. Маме приходилось все время отпрашиваться с работы и бежать в школу. Разумеется, через некоторое время её увольняли. После второго увольнения опекающие семью социальные службы направили её ко мне. А страховку на ребёнка ей дал штат, так что девочка могла лечиться бесплатно.

За полтора года мы проделали большую работу. По моему ходатайству девочку в школе обследовала так называемая *Child Study Team (CST)*. Я бы перевела это как школьная Команда Обследования Ребёнка.

Здесь необходимо дать некоторые пояснения. Общественные (не частные) школы объединяются в школьные районы. В каждом школьном районе (во всяком случае там, где мне довелось работать) есть своя CST. Туда учителя или родители могут обратиться, если у ребёнка проблемы в школе. Если школьный район богатый (то есть домовладельцы этого района платят большие налоги), то всё делается быстро и качественно. Если школьный район бедный, как было в этом случае, его субсидирует город или штат, и тогда дело может затянуться.

Стандартная *CST* состоит из трёх специалистов — психолога, специалиста по расстройствам обучения и социального работника. Задача психолога

— определить уровень и особенности интеллектуального и социального развития и эмоционального состояния ребёнка. Специалист по обучению определяет, нет ли задержки или недостаточности в процессе обучения — чтения и понимания прочитанного, трудности в математике и тому подобные проблемы. А социальный работник должен выяснить, нет ли каких-то социальных препятствий к процессу обучения. Иногда привлекаются дополнительные специалисты — по лечебной физкультуре, логопеды и другие. Бывает, что привлекаются и врачи.

В итоге все собираются на своеобразный консилиум и на основании результатов (и при учёте медицинского диагноза, если таковой имеется) вырабатывают для ребёнка *Individual Educational Plan* — индивидуальный план обучения. Согласно этому плану ребёнку в школе предоставляются дополнительные занятия по предметам, логопедическая помощь (speech therapy), лечебная физкультура или занятия по развитию мелкой моторики. Если ребёнок действительно тяжёлый, могут порекомендовать перевод в специальную школу. Родитель должен согласиться с планом и подписать его. И, разумеется, это бесплатно для семьи.

Такой индивидуальный план обучения и получила моя Тиффани. С ней стали заниматься дополнительно, чтобы устранить пробелы в образовании, улучшить почерк. Ей сократили продолжительность уроков, упростили программу, стали давать больше перерывов, с ней стал заниматься школьный психолог. После нескольких попыток я подобрала ей лекарственный протокол, который состоял из нейролептика и *риталина*. Дело пошло на лад. Мама нашла работу по уборке в каком-то агентстве, и они переехали из мотеля в субсидированную однокомнатную квартиру.

После этого они пропали месяца на четыре. Когда они появились, я сразу поняла, что что-то не так. Проблема оказалась в следующем: занятия в школе у Тиффани заканчивались в половине третьего, а работа у мамы — в пять. Вообще-то это обычная вещь — для этого есть продлённый день. Моя Тиффани вела себя прилично в школе, но с недавних пор начала буянить на продлёнке. Маме уже два раза пришлось отпрашиваться с работы, чтобы забрать её.

Разобравшись с ситуацией, я определила две причины. Концентрация риталина в крови начинала снижаться после часа дня и к трём падала примерно вдвое. Параллельно с этим ухудшалось и поведение. Это я могла легко поправить, дав дополнительную маленькую дозу риталина после ланча, примерно в час дня. Вторая же причина была за пределами досягаемости. Вела продлёнку молодая учительница, детей было много и рамки, удерживающие мою Тиффани в пределах приличного поведения, отсутствовали.

— А что, — спросила я, — никто не мог бы её забирать пораньше?

Ответ меня изумил.

— Нет, моя мама только что вышла на пенсию и говорит, что пенсия — это для того, чтобы она могла отдохнуть. Она не соглашается забирать Тиффани из школы.

Насчёт отдохнуть — с этим не поспоришь, подумала я, но все-таки это как-то чересчур.

— А ваша *Family Support Organization*? (это те, кто опекал семью по социальной линии).

— Они придут ко мне сегодня вечером домой, будем обсуждать перевод в специальную школу.

— Ладно, — сказала я, — давайте пока добавим лекарство, это в какой-то степени поможет, а там, глядишь и в другую школу переведут.

Я порылась в карте.

— Анализы мы делали четыре месяца назад, все было в порядке, повторять пока не надо. Сейчас я напишу вам рецепты. Поскольку я повышаю дозу, мне надо посмотреть Тиффани через месяц.

Тут мама стала рыдать. У меня довольно часто плачут на приёме, ведь мои диагнозы часто бывают гораздо серьёзнее, чем СДВГ. Но это было как-то неожиданно.

— Если я попрошу пропустить на работе ещё

один день, меня точно уволят. И тогда мы с Тиффани опять окажемся на улице.

Тут надо сказать, доктор растерялся. Лекарство серьёзное, девочка худенькая, её надо обязательно посмотреть хотя бы через месяц. Но и быть причиной маминого очередного увольнения с работы тоже не хотелось.

— Вы же в субботу не работаете, — прорыдала мама. — И вечерних часов у вас нет. Я могла бы привести ее в свой выходной, например в день выборов, но вы же, наверное, тоже закрыты?

— Ой, открыты мы, открыты! — обрадовалась я, подумав про себя: где это она там убирается, если они на выборы закрыты? — Замечательно, это через три недели, ещё лучше. Идите скорей в регистратуру, скажите, чтобы вас записали на 4 ноября.

Через минуту ко мне подбежала регистраторша.

— Доктор G, у вас на четвертое ни одного места нет!

— Неважно, сказала я, теряя терпение — запишите сверх расписания, сбоку, снизу, где хотите — на 4 ноября!

Не знаю, чем кончатся эти выборы.

Но для меня и для Тиффани с её мамой они оказались очень-очень полезными.

Папы разные нужны...

Интересный у меня сегодня был день. На приеме были практически одни папы. То есть, конечно, на приеме были дети, но привели их папы. Все-таки обычно приводят мамы, иногда родители приходят вдвоем. Для того, чтобы на прием к неврологу ребенка привел папа, обычно бывает какая-нибудь причина, хоть самая простая — например когда мама болеет или работает. А иногда мамы просто нет.

Вообще-то я больше люблю общаться с мамами. Я их лучше понимаю. Я очень хорошо знаю, что ощущает мама, когда ребенок серьезно болеет. С мамами у меня всё в порядке. А вот пап мне понять труднее. Ведь они должны все по-другому ощущать. Как сказал Жванецкий: «А интересно, что они чувствуют?»

Я отношусь к папам своих больных с большим пиететом, а некоторых даже коллекционирую. Они, разумеется, об этом не знают.

Правда, первый папа занял место в моей коллекции против моей воли. Но забыть его я, конечно, не могу. Я только что начала свой первый цикл в педиатрическом отделении резидентом первого года (он же интерн).

Хороший был день

Среди других пациентов мне достался семимесячный малыш с *Shaken Baby Syndrome* (по-русски СДС, синдром детского сотрясения). Это в полном смысле слова рукотворная болезнь. Она возникает, когда малыша трясут, и его головка болтается на слабой шейке. Внешне вроде ничего не видно, а в мозгу и глазах возникают кровоизлияния, многие дети умирают, а оставшиеся, как правило, превращаются в глубоких инвалидов.

Моего пациента только что перевели из реанимации, где его выводили из комы. Возле него постоянно сидел папа. Поговаривали, что у мамы был нервный срыв и она госпитализирована в психиатрию.

Папа был скандальный, все время что-то требовал, буквально хватал медсестер за руки, когда они меняли подгузник, настаивал, чтобы кровь ребенку брал чуть ли не завотделением, и вообще вел себя неадекватно. Все списывали это на душевное состояние горюющего родителя. А потом вдруг пришли полицейские, на глазах у всех надели на горюющего папу наручники и увели с собой. Следствие доказало, что это он потряс ребенка, пока мама была на работе. Наверное, спать мешал.

В противовес ему в моей коллекции есть один *foster father*. *Foster parents* — это нечто похожее на приемных родителей, но не совсем.

Есть в США такая система — *Foster Care*. Если ребенок по любой причине удален из семьи или потерял ее, он попадает под юрисдикцию штата и живет в приемной семье, куда его штат и помещает. Детских домов у нас нет. Приемная семья должна соответствовать определенным требованиям, ей за это платят деньги, как за любую работу, ее проверяют. Дети живут там, пока не решится их судьба — возврат родителю, родственнику, усыновление/удочерение, переход в другую приемную семью. Часто эти приемные семьи усыновляют и удочеряют своих воспитанников. Дети в таких семьях необязательно здоровы, бывают очень и очень больные. Тогда к приемным родителям предъявляют повышенные требования.

Итак, тот приемный папа. Он ухаживал как раз за таким мальчиком, жертвой синдрома детского сотрясения. Ситуация оказалась с точностью до наоборот. Надо было видеть, как этот приемный папа возился с двухгодовалым малышом, жертвой жестокости и невежества другого мужчины.

У меня ребенок наблюдался с тяжелой посттравматической эпилепсией, последствием внутричерепного кровоизлияния. Он был слеп, а в животе у него стояла гастростомическая трубка, так как есть сам он не мог. Папа освоил все процедуры, разобрался во всех лекарствах, и, самое главное, сумел дать малышу почувствовать, что тот любим и в безопасности. Потом эта семья переехала в другой штат, и я потеряла их из виду.

Следующие два папы, про которых я хочу рассказать, явились на прием с усыновленным мальчиком. Папы сразу сказали, что перешли от другого детского невролога ко мне, так как «он не одобрял нашего образа жизни». Я тогда работала в настоящей американской провинции. Папы были белые профессионалы, а мальчик — черный. Я его лечила от СДВГ. Помимо этого, он страдал от последствий внутриутробного действия наркотиков и заброшенности (*neglect*) в первые годы жизни. В то время я как раз размышляла на тему правильно ли отдавать гомосексуальным парам детей для усыновления. Моя юная либеральная дочь Надя не раз стыдила меня за косность и узость мышления. Встреча с этими папами разрешила мои сомнения раз и навсегда. Черному ребенку с задержкой развития оказалось очень хорошо с двумя белыми папами. А у своей биологической мамы он бы скорее всего умер.

Еще в моей коллекции есть совершенно фантастический папа, который был моим коллегой и близким приятелем. Он тоже был поклонником однополой любви, но дети у него были свои. Он хотел своих собственных детей и получил их. Он был прекрасный детский врач, специалист в своей области, очень хорошо зарабатывал, потратил свои деньги на суррогатных мам и донорские яйцеклетки и сам растил своих троих детей — сына одиннадцати лет и пятилетних мальчишек-близнецов. Он вечно бежал то на родительское собрание, то забирать кого-нибудь из школы, то на спортивное мероприятие. Работал он много, дежурил, ходил ночью в приемный покой (ER), если требовалось. Он не скрывал своей истории, но, если у него и был кто-то на стороне, ни дети, ни сослуживцы об этом не знали. При этом даже в нашей толерантной стране и в нашем либеральном штате он сталкивался и с недоумением, и с недоброжелательностью. Конечно, никто ничего не говорил — за это у нас здорово наказать могут — но человек ведь чувствует отношение к себе, для этого слова не нужны. Мальчишки у него были замечательные, я их несколько раз видела.

Или вот такая зарисовка из моей коллекции. Представьте себе отделение неонатальный реанимации и интенсивной терапии — шуршат респираторы, попискивают капельницы, светятся синие лампы фототерапии.

Папе, у которого 10 часов назад родилась 25-недельная девочка весом в 650 грамм, и который в первый раз к ней допущен, представляется следующее зрелище: на подогретом столике под лампами лежит крошечный комочек, из него торчат трубки, трубочки и провода, а вокруг масса приборов устрашающего вида. Есть от чего слететь с катушек. Папа хватает за грудки резидента и со слезами кричит: «Но вы можете, вы можете гарантировать, что с ней все будет в порядке?» И не замечая того, слегка его душит.

Полузадушенный резидент, простоявший над этим ребенком всю ночь, и от усталости утративший чувство профессиональной сдержанности, отрывает от себя папины руки и тоже кричит: «Сэр, с гарантией вы можете купить холодильник, а детей с гарантией не бывает!»

Сегодня моя коллекция пополнилась еще одним папой. Обыкновенный с виду мужик лет тридцати пяти, латиноамериканец, на вид работяга, привёл восьмилетнего мальчика с жалобами на проблемы с учебой и поведением. «У меня совсем нет времени ходить в школу, но вот учителя просили передать вам бумаги».

«Ишь ты, времени у него нет», — подумала я, забирая бумаги, и тут же прикусила свой мысленный язык. И правильно, потому что быстро выяснилось, что папа вдовец. Жена умерла два года назад от рака, до этого ещё два года тяжело болела и лежала преимущественно дома. Она оставила папе двоих ребят — моего пациента и его брата, который был старше на три года.

— Понимаете, доктор, — объяснил папа, — я бы сам хотел во всем разобраться, но пока их накормлю, сделаю с ними уроки, приготовлю на завтра одежду и ланч, школа уже закрыта.

— А скажите, осторожно спросила я, — кроме вас троих, в доме кто-нибудь ещё живёт, помогает вам? Я-то, конечно, имела в виду подругу, невесту или на худой конец бабушку.

— Да, — ответил папа, — ещё двое парней, 20 и 21 года. Они помогают, конечно, но они тоже очень заняты — работают, учатся.

— Какие у вас взрослые дети! — удивилась я.

— Это старшие дети моей жены от первого брака, — пояснил папа. — Мы живём вместе. Нам так лучше.

Дальше мы разговаривали только о проблемах пациента. Я осмотрела ребёнка, направила его к психологу, дала папе вопросники для учителей, и мы договорились встретиться через месяц. Они уже давно ушли, а я все возвращалась мыслями к этим пятерым — мужчинам и мальчикам. Я почти что уверена, что не только любовь к покойной матери удерживает их вместе.

Есть в психологии модель психики человека, именуемая Теорией Разума или Теорией Сознания (*Theory of Mind*). Она предполагает, что мы можем представить себе мысли, чувства и устремление других людей. Разумеется, только теоретически — ведь ни у кого нет прямого доступа в психику другого. Мне очень нравится эта теория

— скорее инстинктивно, разобраться в ней образования не хватает. Я всегда пытаюсь приложить её к другим носителям разума (а иногда даже к неносителям). Но с папами у меня получается плохо. Ведь я не только должна понять чувства другого человека, но и переступить границы своего пола! Нет, конечно, базовые моменты — любовь, ненависть, страх, — я понимаю. Но нюансы, нюансы! Ведь у них, у мужчин, все по-другому — и голод по-другому, и боль, и секс. И любовь к детям, наверное, тоже по-другому. В общем, это меня очень интересует.

Я собираю коллекцию пап лет двадцать. Придётся ещё лет двадцать пособирать, потом классифицировать, а там, глядишь, и гипотезу состряпаю.

Если, конечно, меня кто-нибудь не опередит.

Болезнь Канавана и немного о генетике
Байка, написанная в День Отцов

Каждому доктору со стажем время от времени попадаются больные с редкими болезнями. Такими, что один раз увидишь — никогда не забудешь. Но дело-то в том, что если ты практикующий врач широкого профиля, то и попадаются они не более одного раза в жизни. Я вот, например, детский

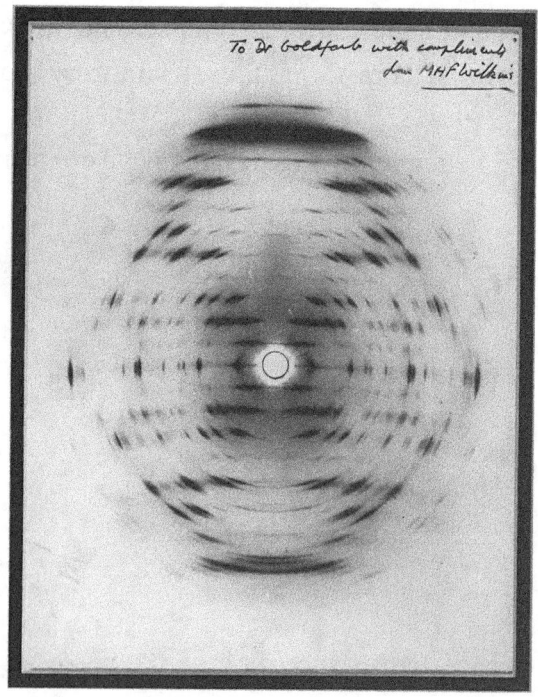

невролог широкого профиля, ну ещё с особым интересом и дополнительной квалификацией в области аутизма. Все состояния распространённые. Редкими болезнями сама не занимаюсь, а отправляю таких пациентов в соответствующие крупные и известные университетские центры, у которых есть специальные условия для обследования и лечения редких заболеваний.

Но однажды случилась со мной необыкновенная история — я оказалась участником фантастического исследования по лечению болезни Канавана (*Canavan's disease*). Лечение происходило генно-инженерным методом. Об этом я и хочу здесь рассказать.

В начале 2000-х годов в университетский госпиталь, где я тогда трудилась, пришла работать доктор Паола Леоне, ведущий мировой специалист и исследователь болезни Канавана. Она не просто пришла, но и привела готовую команду генетиков, вирусологов, статистиков, принесла с собой большущий грант от *NIH* (Национальный Институт Здоровья) и, самое главное, свои идеи, как лечить болезнь Канавана. Но у неё в команде не было детского невролога. Она поговорила со всеми наличествующими детскими неврологами и выбрала меня. Не последнюю роль в этом сыграла трехмерная бумажная модель ДНК, висевшая у меня над столом, и фотография той же

ДНК с торца, сделанная рентгеновским способом, с дарственной надписью: «Доктору Гольдфарбу с уважением от M.H. F. Wilkins».

Доктор Гольдфарб был, разумеется, мой папа, а М. Уилкинс — лауреат Нобелевской премии, биофизик и молекулярный биолог, исследователь структуры ДНК.

Только годы спустя я поняла, как мне повезло. А тогда я подумала: проект интересный, люди хорошие — почему бы не поучаствовать.

До этого я не видела ни одного больного с болезнью Канавана. Это редкая генетическая болезнь, лейкодистрофия. И называть её было бы более правильно «болезнь доктора Канаван». Потому что впервые патологические изменения в мозгу описала в 1931 году женщина — американский врач-патолог Миртель Мэй Канаван. Но так уж в русской медицинской литературе повелось.

Ген болезни Канавана — рецессивный, родители являются здоровыми носителями. Для того, чтобы возникла болезнь, нужно, чтобы встретились два таких гена — от папы и от мамы. Этот ген наиболее распространён среди евреев ашкеназского происхождения. В этой популяции его, как говорят генетики, носит примерно один человек из пятидесяти. А болезнь возникает с частотой один случай на примерно от шести с половиной до тринадцати тысяч новорождённых.

Ген кодирует (несет информацию) фермент аспартоацилазу, которая расщепляет N-ацетил-аспарагиновую кислоту, NAA. Нарушен ген — нет аспартоацилазы, накапливается NAA. Эта самая NAA действует на мозг самым ужасным образом, поражая миелин и разрушая мозговую ткань. Говоря простыми словами, мозг постепенно начинает напоминать губку (одно из старых названий — спонгиозная, то есть губчатая дегенерация). Болезнь обычно начинает проявляться примерно в возрасте три месяца. Наступает задержка и затем регресс в развитии, снижается тонус мышц, развиваются насильственные движения и позы тела, судороги, чрезмерно растёт голова, утрачивается функция глотания и зрение. В конце концов возникает тяжелейшая картина обездвиженных, ничего не понимающих, практически слепых детей. Смерть обычно наступает до 10-летнего возраста. Лечения нет.

Вот такую болезнь генетик доктор Леоне решила попробовать лечить при помощи генно-инженерных методов, точнее используя ГМО, генно-модифицированный организм.

Задача была каким-то образом внедрить в мозг больного здоровый ген, чтобы он там работал. Для этого доктор Леоне использовала особый вирус. Он называется ААВ, аденоассоциированный вирус. Не углубляясь в тонкости вирусологии, скажу, что это не болезнетворный для человека вирус, который тем не менее может проникать в клетки. Этот вирус «нагружали» нормальными, здоровыми генами (как вагонетку углём). Через шесть маленьких отверстий в мозг пациента вводили шесть катетеров и переливали туда этот модифицированный вирус. (Для любознательных — примерно десять в восьмой степени генных частиц на грамм мозгового вещества.) Здоровые гены начинали работать в мозговых клетках пациента. Сама нейрохирургическая процедура, естественно, проходила в операционной, переливание занимало 75 минут. Как я уже говорила, проект субсидировал Национальный Институт Здоровья (*NIH*). Первая стадия такого исследования — всегда — определить, безопасно ли это лечение. До этого, разумеется, проводятся исследования на животных. Помимо мониторинга побочных явлений, мы измеряли концентрацию *NAA* в мозгу способом *MRI*-спектроскопии, следили за темпами атрофии мозга путём серии *MRI* и наблюдали за клиническим развитием болезни.

Здесь на сцене появляюсь я. В этом исследовании я вела всю клиническую часть. Опять же, не буду мучить вас деталями протокола — а он был очень, очень сложным. Я смотрела этих детей несколько раз до операции и многократно после — в течение в среднем трёх лет. Родители везли их со всего света. У нас были больные из Германии, Англии, Израиля. И, разумеется, со всей Америки. Не все попадали в протокол исследования, и на моих глазах разыгрывались самые настоящие драмы. За эти несколько лет я, наверное, стала одним из самых опытных клиницистов на свете (!) в области этой редкой болезни.

Результаты исследования были обнадёживающими. Ни у одного из тринадцати пролеченных этим способом детей не было осложнений, связанных с генно-модифицированным вирусом, которым их лечили. Все показатели: химические, радиологические и клинические — улучшились. Десять детей из тринадцати стали более активными, у них улучшились двигательные показатели, уменьшилось количество судорог, и болезнь на какое-то время перестала прогрессировать. Те трое, у которых заметного клинического улучшения не произошло, были самыми старшими из группы, они болели дольше. Это были очень важные результаты.

Вы, наверное, поняли, что отношения с генетикой у меня были очень трепетные. Мой папа был известным генетиком и среди всего прочего вместе со своими сотрудниками разработал диагностику наследственных заболеваний у детей. На Западе подобный тест уже был, но папа разработал более дешевый и доступный в наших условиях. Эта диагностика проводилась с помощью специально выведенных мутантов кишечной палочки, то есть, по сути, генно-модифицированных бактерий. Я помню, когда я проходила сестринскую практику в Институте педиатрии в Москве, я лично делала детям этот тест. Назывался он простенько, «моча по Гольдфарбу». Потом перешли на кровь из пятки. В мои времена этим тестом уже обследовали всех новорождённых детей в Москве.

Гольдфарба, как водилось в нашей чудесной стране, из названия теста быстро убрали, а папе дали удостоверение на рационализаторское предложение за номером 494 (оно у меня хранится) и 500 рублей премии.

Не знаю, каким способом проверяют детей на наследственные болезни в России сейчас.

Да, много интересного было в нашей семье связано с генетикой.

Помнится, как-то раз брат Алик привел к нам домой великого Фрэнсиса Крика. Да-да, того самого, который вместе с Уотсоном получил Нобелевскую премию за создание модели структуры ДНК. Крик ехал в Армению на международный конгресс по внеземным цивилизациям и был проездом в Москве. Я лично кормила Крика шпротами, а он подписал мне на память свою книгу «Двойная спираль».

В общем, генетику я впитала если не с молоком матери, то с сигаретным дымом отца. Вот он папа, у меня перед глазами за своим огромным письменным столом, заваленным бумагами, в пепельнице дымится сигарета, обязательная чашка кофе, та самая бумажная ДНК над столом, костыли прислонены к стене. Волнистые седеющие волосы над высоким лбом и глаза с весёлыми искрами, но в глубине грусть.

— Папа, если ты слышишь меня там, где ты сейчас, ты будешь рад узнать, что и я внесла свою малую лепту в твою любимую науку. И в публикациях и отчетах о работе по генно-инженерному лечению болезни Канавана рядом с именем доктора Паолы Леоне и другими участниками проекта стоит и моё — наше с тобой имя.

Пять минут до работы
Байка врачебно-канцелярская

Совсем недавно я перешла на новую работу. Сам по себе факт большого внимания не заслуживает, но процесс оказался достаточно поучительным, чтобы об этом рассказать.

Вообще-то мне думается, что менять работу врачам особенно сложно. Кроме обычных стрессов, связанных со сменой работы, есть еще специфические, докторские.

Многие врачи ведут своих больных долго, и между ними образуется некая неформальная связь. В моей области, где большинство состояний хронические, это особенно выражено. Дети растут и ходят ко мне годами. Они с гордостью приносят мне свои хорошие отметки и рисунки, тинейджеры делятся планами на колледж или работу, родители пишут прочувственные открытки или звонят в панике, когда что-то вдруг случается.

Врачебная репутация зарабатывается годами. Профессиональные связи строятся путем проб и ошибок. Я вот точно знаю, к какому гастроэнтерологу я своего больного пошлю, а к какому нет.

Я не люблю менять работу.

В Москве я проработала на одном месте одиннадцать лет от окончания ординатуры и до самого отъезда. У нас уже были билеты на самолет, а меня просили провести еще один прием. Да и на своей предыдущей работе в Америке я провела четырнадцать лет.

Но, увы, в этот раз так не вышло. Причины были разные, но больше всего меня достала дорога. Три с лишним года я ежедневно проводила в машине по два часа и проезжала в день почти сто миль. Я старалась найти в этом некоторые преимущества — например, аудиокниги можно было слушать, байки по дороге сочинять. Но организм стал возражать, и я нехотя начала оглядываться вокруг в поисках работы.

Надо сказать, что нас, американских детских неврологов с дипломом высшей категории (*Board Certified*), очень мало. Учиться на детского невролога и дольше, и труднее, чем на взрослого, а платят меньше, чем другим специалистам. Такой странный парадокс. Наше профессиональное сообщество насчитывает примерно две тысячи членов. Для сравнения: Американская академия неврологии, где традиционно состоят членами взрослые неврологи, — гораздо более мощная и престижная организация, включающая двенадцать-тринадцать тысяч активных участников. Так что у нас, детских, круг узкий и прослойка тонкая.

Интервью я получила быстро.

Неподалеку от нашего дома располагалась организация, занимающаяся адаптацией людей с ограниченными возможностями — интеллектуальными, психоневрологическими, с разнообразными задержками развития.

У них есть школы, реабилитационные центры, программы помощи с проживанием и трудоустройством. Сравнительно недавно они стали развивать и соответствующие медицинские практики, в основном по психиатрии. С одним доктором, ныне медицинским директором этой организации, у меня были в прошлом общие больные. Правда, тогда он еще не был директором.

Ему я и позвонила. Он заинтересовался, и через три дня меня вызвали на интервью. Я думала, что это будет легкий треп, предварительное знакомство, но это оказалось не так.

Меня интервьюировали только двое — тот самый директор программы и *COO* (*Chief Organization Officer* — глава администрации) всей системы.

— Что вы можете нам предложить? — спросил *COO*.

Я ответила. Ответ занял минут пятнадцать-двадцать, и здесь я его приводить не буду.

Мне это нравится, сказал босс. У нас вообще-то нет такой ставки, но я вижу здесь потенциал. Ваша репутация нам известна... В общем, мы все обсудим с *CEO* (главой организации).

Чтобы не стоять на месте, я продолжила поиски. Вскоре я получила интервью в престижном детском госпитале. Здесь все было очень, очень серьезно. Мне заранее прислали расписание интервью — с восьми утра до пяти вечера. Оно так и заняло все это время.

Меня интервьюировали по очереди десять человек: начальник департамента детской неврологии, заместитель начальника, старший врач, два рядовых врача. Последние водили меня на ланч, заодно смотрели, умею ли я держать нож и вилку. В команду интервьюирующих также входили администратор департамента, практикующая медсестра (*nurse practitioner*) и два психолога. Один из психологов беседовал со мной утром, а второй — в самом конце. Один болтал со мной как бы просто так, а другой давал какие-то тесты и задавал какие-то, на мой взгляд, чудные вопросы. Можно было подумать, что меня нанимают на руководящую позицию высокого ранга, а не рядовым врачом. В результате, когда я вывалилась с последнего интервью, у меня было такое ощущение, что по мне прокатился асфальтовый каток.

Место, конечно, было очень, очень престижное, но я больше хотела другую работу. По счастью, колебаться мне не пришлось. В тот же день, по дороге с интервью домой, я получила телефонный звонок от первой компании с предложением, от которого нельзя было отказаться.

Вскоре мне прислали *letter of intent* (письмо о намерениях — это документ, который используется для выражения предварительных намерений сторон перед заключением окончательного соглашения или контракта), а затем и контракт. Все получилось быстро и вполне безболезненно.

Зато потом началась какая-то вакханалия.

Меня отдали в руки специалистов, которые занимаются оформлением новых сотрудников. Их было четверо, у всех были разные функции, и каждый требовал свои документы.

Дней десять я провела на полу среди разложенных на всем пространстве бумаг, собирая и сортируя пачки, стопки, конверты, копии и оригиналы. Юра сканировал и отправлял документы куда следует. Часть надо было сдать в электронном, а часть в бумажном формате.

Наша микроскопическая собака Белка недовольно бродила среди дипломов и сертификатов, а потом забиралась в гнездо, откуда созерцала эту удивительную картину.

В пачках в разных вариантах и комбинациях лежали следующие документы:

Лицензия на практику в штате Нью-Джерси.

Лицензия на практику в штата Пенсильвания.

Лицензия на практику в штате Нью-Йорк.

Диплом об окончании резидентуры по педиатрии.

Диплом об окончании резидентуры по детской неврологии.

Сертификат о сдаче экзамена на высшую категорию (*Board Certification*) по педиатрии.

Сертификат о сдаче экзамена по поддержанию оной категории в активном статусе.

Сертификат о сдаче экзамена на высшую категорию по детской неврологии.

Опять же сертификат о сдаче экзамена по поддержанию оной в активном статусе.

Сертификат о сдаче экзамена на высшую категорию по специализации «головная боль».

Сертификат о сдаче американского экзамена за курс медицинского института — я его сдавала в глубокой древности, в начале девяностых.

Диплом об окончании мединститута с нотариально заверенной копией перевода.

Подтверждение того, что я занимаюсь поддержанием профессионального уровня (50 часов в год) — за последние три года.

Десятки страниц заполненных анкет, в принципе задающих одни и те же вопросы, но под разными углами.

Одна анкета дотошно выясняла, не была ли я когда-нибудь замечена в жестоком обращении со своими собственными детьми, при этом требовала не только год рождения, но и настоящий адрес детей. Я с удовольствием указала в анкете адреса в Израиле и Калифорнии, пусть у них спрашивают.

Мне надлежало пройти в специальном агентстве процедуру снятия отпечатков пальцев. Это пришлось сделать дважды, в первый раз кто-то поставил лишнюю галочку в неправильном квадратике или забыл поставить в нужном.

У меня, как и у любого практикующего американского врача, есть следующие индивидуальные номера (и соответствующие документы на них):

Номер в DEA — *Drug Enforcement Administration*. Это правительственная организация, подчиняющаяся министерству юстиции и работающая вместе с ФБР, Бюро национальной безопасности и другими серьезными организациями. Их задача — борьба с наркотрафиком.

Номер в CDS — *Controlled Dangerous Substances*. Это штатная организация (то есть индивидуальная в каждом штате), находящаяся в ведомстве *DEA*. Она занимается всеми организациями и лицами, по долгу службы имеющими дело с «опасными субстанциями». Для врачей это наркотики, стимуляторы, некоторые успокаивающие средства, медицинская марихуана. *CDS* следит, чтобы у доктора была правильная лицензия, чтобы рецепты были правильно выписаны, отслеживает злоупотребления.

Номер NPI — *National Provider Identifier*. Это уникальный десятизначный номер, который присваивается каждому, кто лечит больных. Этот номер исходит из недр управления государственными медицинскими программами — «Медикэр» и «Медикейд». К слову, эта организация уже снимала с меня отпечатки пальцев лет десять назад.

Номер в CAQH — *Counsel for Aaffordable Quality Healthcare* (Совет по доступному и качественному здравоохранению) — еще одна организация на нашу голову, которая занимается непонятно чем, но тоже следит за доктором. Этот номер тоже пришлось откопать. Даже оказалось, что я там на хорошем счету!

Стоит ли говорить, что все эти номера, лицензии и сертификаты надо поддерживать в рабочем состоянии и за большинство надо платить немалые деньги.

Так что такие мелочи, как паспорт, водительские права, свидетельство о браке — разумеется, с нотариально заверенным переводом, результаты медицинского осмотра с обязательным скринингом на наркотики, результаты теста на туберкулез, резюме, можно даже не считать. Делай себе копии и докладывай в соответствующие стопки. Да не забыть предоставить имена и координаты трех коллег, которые подтвердят твой положительный моральный и профессиональный облик.

Так что переходный этап дался мне нелегко. То ли я старею, то ли документы размножаются.

В последние месяцы работы мне нужно было сообщать больным, что я покидаю практику. Реакции порой были совершенно неожиданные. Хорошо одетый, всегда невозмутимый папа вдруг задрожал голосом и с горечью сказал:

— В кои-то веки мы нашли кого-то, кто готов с нами работать (у девочки-подростка тяжелый аутизм), и снова теряем...

Другая мамаша — полная, громкоголосая — возмущенно вопросила:

— Я что же, должна всю эту историю кому-то с начала рассказывать?! Это же просто невозможно!

Или:

— Вы не можете с нами так поступить!

Я старалась смягчить ситуацию как могла, уверяла, что практика остается на месте, здесь есть еще один врач и практикующая медсестра (*Nurse Practitioner*). Иногда я пыталась свести все к шутке.

— Да, эти врачи, они прыгают с места на место, как блохи, с ними совершенно нельзя иметь дело.

Но родителей моих хроников с толку было не сбить.

— Скажите, куда вы уходите? Мы хотим с вами!

Я терпеливо объясняла, что мой нынешний контракт не разрешает мне сообщать, куда я ухожу. При этом намекала, что меня можно будет найти в интернете. Да и если после моего ухода они позвонят сюда и скажут, что хотят продолжить лечение у своего врача, им обязаны будут сказать, куда я ушла.

За последний месяц меня обнимали несчетное количество раз, и я услышала о себе много красивых слов. Мне даже понравилось. Интересно, кто из моих пациентов все-таки уйдет за мной. Вот это будет настоящее признание. Ведь ехать им придется целый час в одну сторону.

Зато мне теперь пять минут до работы!

Спасибо, док!

Этот случай произошел со мной в конце первого года уже второй резидентуры — по детской неврологии. Трехгодичная программа предусматривала один год классической взрослой неврологии, и только потом два года детской. Первый год, всегда самый трудный, для меня был трудным вдвойне: ведь я никогда до этого не работала с взрослыми. Надо ли добавить, что я считала дни, остающиеся до конца года, когда я смогу наконец расстаться со взрослым пациентами?

И вот в один из моих последних «взрослых» дней ко мне на прием привели заключенного из тюрьмы.

Надо сказать, что мы жили в резидентском городке. Я могла бы выбрать другую программу, более легкую и даже университетскую. Но эта была единственная, которая селила своих резидентов в шикарные двухэтажные квартиры. Три спальни наверху, столовая и семейная комната внизу, две ванные, подвал для хранения вещей. Плюс вся эта роскошь, включая воду и электричество, за 700 долларов в месяц! И самое главное — 2 минуты до работы пешком. И приличный школьный район. Да какая же университетская программа, даже самая лучшая, с этим сравнится?! (Конечно, если у резидента двое детей школьного возраста.)

Так вот, наш резидентский городок был расположен между госпиталем и тюрьмой. По фэншую хуже этого ничего не бывает. Однако нам было там хорошо. Если не считать моей постоянной усталости.

Я часто видела в больнице заключенных в оранжевых робах, в наручниках, в сопровождении тюремной охраны. К нам их приводили лечиться. Иногда — наверное, когда преступник был особо опасным, — охранники разгоняли всех по пути следования и даже вежливо, но твердо просили врачей и медсестер покинуть служебный лифт для перевозки их подопечного. Но ко мне на прием они до этого не попадали.

Довольно пожилой щуплый черный мужчина в наручниках и ножных кандалах, в сопровождении двух внушительной комплекции вооруженных охранников, тоже, кстати, черных, вошел в мой кабинет.

— Чем я могу быть вам полезна? — спросила я у пространства между пациентом и охраной.

Правый протянул мне запечатанный конверт.

— Вот, наш тюремный медик просил вам передать.

Я читаю документ, в котором подробно описываются два эпизода, похожие на судороги определенного типа. Вряд ли заключенный читал медицинскую литературу, но кто же их знает. Я роюсь в листочках. А вот и энцефалограмма. Ее тоже делали у нас. У больного на ЭЭГ фокус патологической активности, соответствующий его судорогам. Вот уж это фальсифицировать никак нельзя. Я оборачиваюсь к больному.

— У вас когда-нибудь раньше были судороги?

Он едва заметно качает головой.

— А травмы головы?

Усмешка и легкий кивок.

— Аллергия к лекарствам?

Пожатие плечами. Я снова смотрю в бумаги. Нет, аллергий не зарегистрировано.

— Какие-нибудь хронические медицинские проблемы?

Он просто молча смотрит на меня. Да, разговорчивый попался пациент. Я быстро просматриваю остальные бумаги и прошу охрану:

— Снимите, пожалуйста, наручники, мне надо его осмотреть.

— Не стоит, — говорит правый.

Но я уже не тот зеленый резидент, который ничего не понимает. Я научилась командовать.

— Снимите наручники, — повышаю я голос. — Я не могу делать в них неврологический осмотр. А если не можете, то забирайте пациента к своему тюремному медику, и пусть он сам ставит диагноз и назначает лечение.

Левый смотрит на меня, кажется, с одобрением, зато правый тянется к кобуре. Несколько лет, прожитых в Америке, где я чувствую себя в безопасности, ощущая ценность собственной личности и защиту закона, слетают с меня, как пух с одуванчика, уступая место генетическому страху перед властью. «Сейчас застрелит», мелькает у меня идиотская мысль.

Однако правый достает из какого-то футляра на ремне ключ и снимает наручники. Под пристальными взглядами охраны я быстро произвожу осмотр, и их сразу возвращают на место.

— У вас эпилепсия, возможно, посттравматическая, — говорю я пациенту. — Надо сделать МРТ мозга. Я вам выпишу лекарство от судорог, но сначала нужно взять анализ крови. Вот здесь все рецепты. Вам надо показаться через месяц.

Я быстро заполняю все бумаги, возвращаю охранникам конверт, и они выходят из комнаты — сначала левый, потом заключенный, потом правый. На пороге пациент оборачивается и неожиданно говорит:

— Спасибо, док!

ВСЕГО ПОНЕМНОГУ

Новогодняя Шавасана

Декабрь в том году выдался очень снежный. Домовладельцы жужжали снегоуборочными машинками и скрежетали лопатами.

А дороги побольше оперативно расчищали муниципальные уборочные машины. Вот они, наши высокие налоги в действии! Здесь живет верхний слой среднего класса. Справа от нас — крутой коп с женой-медсестрой и пятью рыжими детьми. Слева — учитель биологии в старших классах. Напротив — отставной капитан флота, седой и прямой, как палка.

Мне нравится наша улица. Мне нравится смотреть, как рыжие дети гоняют на велосипедах и играют с друзьями, приятно угощать их через низкий забор помидорами с нашего огорода.

Учитель приходит к нам за семенами цветов, а капитан приглашает Юру с его фотографиями на благотворительный вечер в свою церковь.

Живая улица.

А через два дома от нас живет Сид. Когда нас засыпает снегом по уши, мы звоним Сиду.

Сид — ученик выпускного класса местной школы. Он приходит с лопатой и метлой и, насвистывая, расчищает подъездной путь к нашему дому за час. Он получает заработанные деньги и просит звонить, когда надо. Мы благодарим Сида и передаем привет его родителям, которые вырастили такого работящего сына. После этого мы расстаемся, очень довольные друг другом.

Я очень люблю это время — гирлянды, фигуры Санта-Клаусов перед домами, олени с санками, надувные сине-белые медведи в сюртуках с ханукальными подсвечниками, снег, ощущение праздника.

Метель в то воскресенье была с раннего утра, но Сид уже побывал у нас. Снегопад после полудня поутих и ездить по местным дорогам было можно. Так почему же мне не поехать на йогу?

Йогой я занималась в студии, которая неоригинально называлась *Намасте* и находилась она в минутах двадцати езды от дома.

И вот я уже еду к студии. На улице тишина, машин мало, дороги расчищены, легкий снежок — благодать. Омрачало эту идиллию лишь то, что до утра понедельника я была на дежурстве. Это значило, что, вообще говоря, меня могут затребовать в любой момент. Но с утра я уже поговорила со всеми страждущими, позвонила в аптеку всем забывчивым, оставшимся без лекарства на конец недели, и обсудила с резидентами то, что было необходимо сделать. Звонки иссякли после полудня, и я надеялась, что мне дадут спокойно позаниматься моей йогой.

Занятие прошло спокойно, и учительница, как

всегда, напоследок дала нам улечься в позу Шавасана. Вот мы лежим, каждый на своем коврике, укрытые одеялками и расслабляемся, а она что-то ласково бубнит под тихую музыку. Только у меня еще лежит под боком мой бипер — мой маленький мучитель, переключенный на вибрацию.

В соответствии с рекомендацией я представляю себе голубое небо, зеленые холмы, ласковый ветерок. Поэтому я не сразу ощущаю, как бипер тихонько вибрирует у меня под боком. Умиротворенное состояние слетает с меня в одну секунду. Я, чертыхаясь, сгребаю свое имущество и почти на четвереньках уползаю из зала. Начинающие йоги смотрят мне вслед с осуждением, а продвинутые остаются в глубокой отключке.

Я усаживаюсь в кресло и звоню оператору.

— Доктор Гольдфарб, вам звонит миссис Глория Уайт, говорит, что у нее для вас срочное сообщение.

Я помню Глорию Уайт. Эта пожилая седовласая афроамериканка растит своего внука Донни. Папы у Донни сроду не было, а мама, дочка Глории, сильно пила вообще, и во время беременности в частности. Она исчезла из поля зрения Глории после рождения сына, который и остался на попечении бабушки. Донни 9 лет, и у него классический эмбриональный алкогольный синдром. Он плохо растет, у него задержка в развитии, а гиперактивность не позволяет ему использовать даже те малые интеллектуальные возможности, которые у него есть. Я занимаюсь лечением Донни уже год, довольно успешно — за этот год он научился читать по слогам, а главное, он может высидеть целый час в церкви, куда регулярно водит его бабушка.

Что же там произошло?

В трубке — глуховатый голос Глории.

— Доктор Гольдфарб, у нас весь город снегом завалило! Я даже не могу дверь открыть.

Глория живет в городе N. Это самый криминогенный город в нашем штате. Снег на улицах — это самая меньшая из их проблем.

— Я вам очень сочувствую, — говорю я, и жду продолжения. Уж, конечно, Глория не собирается пригласить меня почистить снег у ее дома.

— Донни завтра записан к вам на прием. Так я не смогу его привести, нас до завтра не расчистят. Я не хочу, чтобы вы подумали, что я просто забыла. Мы с Донни вас так уважаем.

Я некоторое время соображаю, как на это ответить. Для нее почему-то важно, чтобы я не подумала о ней плохо. Подавляющее большинство пациентов в такой ситуации просто не придут.

— Не волнуйтесь, миссис Уайт. Я обязательно запишу в карте, что вы мне позвонили. Ваш визит перенесут на другой день. И не напрягайтесь там сильно со снегом. Привет Донни.

Я не возвращаюсь в зал долеживать свою Шавасану.

Я еду домой и размышляю о Глории.

Мне звонят очень часто. Меня выдергивают из бассейна, извлекают из кинозала, останавливают на хайвее. Когда звонок пустой или бестолковый, я не очень довольна.

Но сейчас я не сержусь. Йога, конечно, пропала, какая же йога без Шавасаны.

Зато я получила кое-что в подарок. У меня есть волшебная коробочка, где я храню некие драгоценности. Одни мне дарят, другие я сама подбираю украдкой.

Там хранятся искры юмора, возникшие среди полного мрака, порывы доброты, как-то родившиеся среди общей озлобленности, там я берегу «любви прекрасные моменты».

Сейчас я добавлю туда звонок Глории — капельку человеческой порядочности, которая ничего не стоит, но так бесценна.

Пока я размышляю обо всем этом, снова начинается снегопад. Когда я добираюсь до дома, снег идет уже вовсю.

Волхвы во дворе рыжих соседей превратились в большой сугроб, а Вифлеемская звезда у капитана красиво светится через снежный покров.

Снег продолжает идти, засыпая дома и дороги, и вскоре вся наша улица погружается в новогоднюю Шавасану.

Душа, мозг и тело
Миниатюра в двух сценах

Действующие лица:
ДУША
МОЗГ
ТЕЛО

Сцена первая.

ДУША. У меня депрессия. Мне больно.

МОЗГ (сварливо). У тебя всегда депрессия. Вечно ты ноешь: болит, болит. Из-за тебя у нас с Телом одни неприятности.

ДУША (заинтересованно). Это как?

МОЗГ. Сама посмотри: Тело на диване лежит, в потолок смотрит и толстеет. А я никак не могу за проект взяться. Нас из-за тебя с работы выгонят!

ДУША. Мне больно!

МОЗГ (злобно). Да как тебе может быть больно? Тебя вообще нет!

ДУША. Есть я!

МОЗГ. Нет тебя! Ученые нас с Телом уже на молекулы разобрали, а тебя не нашли! Тело, вот ты скажи, есть Душа или нет?

ТЕЛО (уныло). Я не знаю.

ДУША. Идиоты ваши ученые! Они не знают, как искать. Вот я вам сейчас продемонстрирую.

Помните, как мы в университете экзамен по историческому материализму сдавали? Ты, Мозг, был по предмету ни в зуб ногой! А ты, Тело, только дрожало, что экзамен завалишь, стипендию потеряешь и будешь сидеть до следующей сессии на хлебе и воде! А где была я?

МОЗГ и ТЕЛО (хором). В пятках!

ДУША. А когда первая дочь родилась и ее к груди поднесли, где была я?

ТЕЛО. Да ты из нас как-то вылетела и вокруг нее, как кокон...

ДУША. А когда мама умерла?

(Мозг моментально съеживается, а Тело хватается за грудь.)

ДУША. Ну ладно, ладно!

(Некоторое время все молчат.)

ДУША. Больно мне. Уйду я от вас. Вам это очень хлопотно — иметь Душу.

МОЗГ (испуганно). Душенька, родная, не уходи! Мы сейчас будем лечиться. Тело, тащи антидепрессант!

(Тело выкатывает большую голубую таблетку.)

ДУША (с отвращением). Что это?

МОЗГ (ласково). Это лекарство. Вот я тебе сейчас все объясню. Вот у меня височная доля, а там, в глубине — лимбическая система и рецепторы, рецепторы. А трансмиттеры...

ДУША. Заткнись.

МОЗГ. Ну пожалуйста, нам же всем лучше будет!

ДУША. Это вам лучше будет, а мне нет!

МОЗГ. Это как?

ДУША. Да так! Тело зад с дивана поднимет и пойдет обед готовить, а ты проект начнешь. А мне по-прежнему больно будет.

МОЗГ (приободрившись). Может, так и должно быть? (Менторским тоном). Антидепрессант не предназначен для того, чтобы сделать нас счастливыми. Антидепрессант призван устранить симптомы депрессии, которые препятствуют...

ДУША. Да заткнись ты! На мне раны! Их просто не видно!

МОЗГ. Ну пожалуйста, давай попробуем. Тело, ну скажи что-нибудь!

ТЕЛО. Я что, я как все.

ДУША. Ну ладно, только чтобы потом не жаловаться на побочные явления!

Сцена вторая.

ДУША (одна). Ишь ты, им помогло. А мне всё равно больно. Мне всегда больно, сколько себя помню. Кот крольчонка съел — мне больно! Мышонок в мышеловку попался — Мозгу любопытно, Телу противно, а мне больно.

А может, так и должно быть?

Если больно — я есть, а если нет — то и меня нет.

У кого бы спросить?..

Валентинов день
Сказка — с ангелами, валентинками и прочей чепухой.

Сцена первая

Огромная комната, заставленная допотопными письменными столами. По стенкам развешаны разноцветные графики и лозунги с призывами: «Не упусти свое счастье!», «Нет разбитому сердцу!»

Большая стенгазета «*Даешь качественную валентинку!*» занимает полстены. Скромный портрет святого Валентина в окружении розовых сердечек.

За столами сидят ангелы. Все одеты в рабочие комбинезоны с множеством кармашков. У некоторых на груди приколоты планки с сердечками. Разноцветные крылья аккуратно сложены за спинами. Они трудятся — листают толстые фолианты, что-то выписывают, щелкают на счетах. Многие подписывают открытки.

Юный ангел с малиновыми крылышками с увлечением читает толстую книгу, которую держит под столом. Другой, атлетического вида, с нежностью рассматривает свой складной нож и украдкой состругивает краешек стола. Крылья у него рыжие. Лохматый ангел с зелеными крыльями поглядывает на смартфон.

Хлоп! — возникает Заведующий Отделом (в дальнейшем для краткости именуемый ЗО). Крылья у него сивые и облезлые. Из всех карманов торчат разноцветные бумажки. Грудь вся в планках с сердечками.

ЗО. Внимание! У нас аврал. Праздник на носу, а план не выполнен. Горит план (достает синюю бумажку). По нежным чувствам выполнен на 50%, по приятным сюрпризам на 45%, а по любовному пылу — вообще на двадцать. Хорошо хоть по разбитым сердцам из лимита не вышли. Я жду ваших предложений!

(Все молчат).

ЗО. Ну?

Юный Ангел (робко). Может приворотное зелье попробовать? Ну как у Гарри Поттера. (Невольно бросает взгляд на свою книжку).

ЗО (в ярости поворачивается к Лохматому). Ты опять мальцу книжки из 21 века приволок? Последний раз предупреждаю! (Хлопает юного крылом по голове). А ты, неуч, должен знать, что приворотное зелье за две тысячи лет до Гарри Поттера изобрели! Но Сам (показывает на портрет святого Валентина) этого не одобряет. Что там у нас в отделе объявлений?

(Встает пожилой ангел с седыми крыльями, лицо расстроенное).

ПОЖИЛОЙ. А ничего! Вот посмотрите, какие

нынче объявления дают. Достает из кармашка кусочек газеты: «Привлекательная блондинка ищет пожилого с квартирой для легких отношений!» Или вот еще: «Пенсионер познакомится с пухленькой до двадцати лет. Иногородним не обращаться». Я с таким материалом не могу работать!

РЫЖИЙ (хихикнув). Ну-ка, что там насчет пухленькой?

ЗО (обрушивается на него). А ты что тут бездельничаешь, казенное имущество портишь? (показывает на обструганный край стола). Какие у тебя предложения?

РЫЖИЙ. Оружие надо применять, это дело верное! Да хоть как Амур, лук и стрелы!

ЗО. Ты совсем рехнулся? Ты еще предложи бомбами в потенциальных любовников кидаться!

ЛОХМАТЫЙ (с места). Зачем бомбами, можно нанотехнологию применить.

РЫЖИЙ (злобно). Я полевой работник! Боевик! А вы меня куда загнали! Не буду открытки писать!

ЗО. Не шуми, сейчас тебе что-нибудь подберем. (Хлопает себя по карманам и достает красную бумажку). Ага, дебри Амазонки, племя Шунду-Бунду взяло в плен прекрасную дочь вождя соседнего племени Курлы-Мурлы и собирается ею пообедать. Задача — возбудить у вождя Шунды-Бунды страсть к прекрасной пленнице. Да такую, чтобы превозмогла аппетит — и его, и его сородичей. И чтобы она ответила ему взаимностью — желательно до того момента, как ее станут натирать солью и специями.

РЫЖИЙ (сразу подтягиваясь). Сроки?

ЗО. До того, как съедят.

РЫЖИЙ. Имена фигурантов?

ЗО. Ты совсем теорию забыл, тоже мне полевой работник! Имена заранее называть нельзя! Просто Валентин и Валентина!

(Рыжий хлопает себя по лбу, взмахивает крыльями и тут же исчезает).

ЗО (горько). Работнички... все по мелочи. Вот в мои времена... (мечтательно) Орфей и Эвридика, Ромео и Джульетта... Тристан и Изольда... (задумывается).

Юный Ангел (продолжает). Маша и Медведь, Слон и Моська... (снова получает крылом по башке).

ЗО. Ладно, проехали. Ну-ка, все забирайте валентинки и марш раздавать! (Обращаясь к Лохматому). А ты останься. У меня для тебя особое поручение есть.

В комнате шум, мелькание разноцветных крыльев, через секунду остаются только ЗО и Лохматый.

ЗО (устало). Присяду, замотался я. (Достает серебристую бумажку). Тут случай особенный, очень трудный. Но они должны быть вместе. Они созданы друг для друга!

ЛОХМАТЫЙ (серьезно). А почему сам не возьмёшься, ты же у нас ас!

ЗО (грустно). Я после Мастера и Маргариты сгорел, ничего не могу. Только руководить, для полевой работы не пригоден.

ЛОХМАТЫЙ. Как же так, они же не настоящие!

ЗО. Они больше, чем настоящие. Когда-нибудь поймешь. Все, хватит болтать. (Разворачивает серебристую бумажку, читает). Москва, начало восьмидесятых. Вот секретные досье. Имена удалены. Просто Он и Она. Приступай к работе.

(На столе возникают две папки — розовая и голубая).

ЗО (раскрывает крылья и снова их закрывает). Да, вот еще что... (Смущенно). Ты когда в следующий раз в 21 веке будешь, привези мне планшет, что ли. Я там буду базу данных держать. (Торопливо добавляет). А то у меня от этих пыльных фолиантов астма разыгралась.

(Взмах крыльев и Лохматый остается один. Он смотрит вслед ЗО с печальной понимающей улыбкой).

Сцена вторая

(Лохматый работает. Перед ним открытые папки, между ними лист, на который он заносит свои пометки. Он роется в бумагах и разговаривает сам с собой).

Так, Она: 27 лет, разведена, ребенок. Прописка московская. Ну, это уже хорошо. Он: 34 года, разведен, ребенок, прописка московская. Чудесно.

Она: серьезная и весьма замкнутая профессорская дочка, классический интроверт. Гипертрофированное чувство ответственности. Очень привязана к родителям. С первым мужем в серьезном конфликте. Сексуальная ориентация — традиционная. К легким связям не склонна. Нравятся высокие брюнеты. Еврейка. Гм... (делает пометку). Ого... занимается еврейской историей. Ну что тут еще — красивая, черноволосая, черноглазая. Размер сорок шестой. Умная, образованная, врач. Кто бы сомневался. Ну что ж, материал отменный. Работать можно.

Переходит к другой папке.

Он: геолог, турист, КСПэшник, душа любой компании, художник по натуре. Чувство времени рудиментарное, не всегда знает, что будет делать завтра. С бывшей женой в нормальных отношениях. Сексуальная ориентация — традиционная. Любовные связи гм... Ну, это не важно. Нормальный мужчина. Нравятся — стройные блондинки с артистическими наклонностями. Решил для себя не связываться с «проблемными» девушками — хочет подругу простую и веселую, серьезных связей не планирует... М-да, с профессорской дочкой могут быть осложнения (делает пометку). Привлекательный, добрый, жизнелюбивый. Среднего роста, худощавый светлоглазый блондин. Не брюнет! (делает пометку). Так. Образование высшее, очень начитанный. Тоже очень хороший материал. А что у нас тут с пятым пунктом? Так, полукровка. Про свое еврейство знает только то, что оно помешало ему поступить на журфак МГУ. Не густо. Ну ладно, дело наживное.

А как кстати у Нее с КСП и туризмом? (Возвращается к розовой папке). Не много. Последней раз спала в палатке лет восемь назад в туристическом лагере Дома Ученых в Архызе, а знания бардов ограничиваются Галичем, Окуджавой и Высоцким. Ну, ничего все поправимо. Подумаешь, бардов она не знает! Они у нас еще хором запоют. А к еврейской культуре она его сама приобщит, если ей так важно. По-моему, случай совсем легкий. Что старик так нервничал?

Так, теперь тактико-технические данные. Как учили, сделаем табличку: Он и Она. Коэффициент влюбляемости, дельта толерантности, уровень уступчивости, поправка вспыльчивости. Вроде все. Подставим все в формулу святого Валентина (берется было за счеты, но быстро их бросает и считает на смартфоне). А теперь квадратный корень... Ого, вот это результат! Никогда такого не видел. (Сворачивает бумажку в трубочку, расправляет зеленые крылья). Ну, все. Перефразируя классика, — лечу туда и все устраиваю.

(Хлоп! — Появляется новый ангел, лицо суровое, крылья цвета хаки. На груди ни одного сердечка).

ХАКИ. Вам срочное сообщение. Из отдела Особых и Непреодолимых Обстоятельств.

ЛОХМАТЫЙ (неприязненно). Особист?

ХАКИ (гордо). Непреодолимщик! Примите сообщение! (Сует Лохматому в руку черную бумажку и — хлоп! — его уже нет).

ЛОХМАТЫЙ (читает бумажку, постепенно бледнеет и хватается за голову). Нет! Не может быть. Им нельзя... Они не могут... Это невозможно! Сейчас же напишу докладную записку. (Хватается за перо).

(За спиной — тихое покашливание. Лохматый оборачивается и застывает с пером в руке).

СВЯТОЙ ВАЛЕНТИН (с портрета). Не пиши свою докладную. Я все знаю. Но надо попробовать.

ЛОХМАТЫЙ. Но...

СВЯТОЙ ВАЛЕНТИН. Попробовать, говорю, надо. Брось свои бумажки. Ты должен устроить им прямой зрительный контакт.

ЛОХМАТЫЙ. И все?

СВЯТОЙ ВАЛЕНТИН. И все!

Сцена третья

Большой зал, похожий на фойе кинотеатра. В центре зала гигантская гипсовая ваза. Громкая музыка, мельтешение, обрывки разговоров. Люди болтают, смеются, многие курят. У колонны стоит Он и с любопытством оглядывается кругом. Он один. На противоположном конце зала у стены — Она. С ней какой-то Малозначительный. Она слушает его рассеянно, глаза опущены.

Так продолжается, пока не звенит звонок, и все начинают двигаться к дверям в зрительный зал. Он отрывается от колонны, Она поднимает взгляд. Друг друга не видят.

Хлоп! — прямо над вазой возникает зеленое сияние. При ближайшем рассмотрении это сверкающие зеленые перья, которые кружатся и медленно опускаются в вазу. Кажется, кроме них двоих этого никто не видит. Оба смотрят в изумлении и встречаются взглядом. Смотрят друг на друга несколько секунд. Малозначительный тянет её за рукав к двери, она вырывает руку.

В следующее мгновение сцена меняется. Гаснет верхний свет, пропадают люди, исчезают звуки. Две светлые фигуры Он и Она идут друг к другу. Становится видно, что каждого удерживает множество нитей. Нити прикреплены к их рукам, ногам, волосам и тянут их назад. Нити начинают лопаться, но идти всё равно трудно. Он сильнее и идет быстрее, но и Она не останавливается ни на миг. В какой-то момент Она упрямо мотает головой, сразу обрывается пучок нитей, который держит её за волосы и Она тоже начинает идти быстрее. Вот они уже не идут, а скользят над сценой в объятия друг друга.

Хлоп! — сцена возвращается в своей первоначальный вид, но их на сцене уже нет. Никто ничего не заметил. Только Малозначительный потерянно озирается кругом.

С потолка, медленно кружась, спускается одинокое зеленое перо.

Сцена последняя

Та же комната, что в первой сцене. Темно, только на столе под портретом святого Валентина горят две свечи. За столом двое — ЗО и Лохматый. У Лохматого левое крыло обмотано бинтами.

ЗО. Интересный ход! Вот, Сам просил передать (прикалывает на комбинезон Лохматому сердечко. Искоса взглянув на крыло). Болит?

ЛОХМАТЫЙ. Терплю.

ЗО. А по-другому нельзя было?

ЛОХМАТЫЙ. Пробовал! Он взглядом по залу шарит, а Она в пол уставилась! Я их вообще на одно мероприятие чудом загнал. Пришлось такие связи задействовать! Это кино в Москве вовсе показывать не собирались. А билеты! А Ему лишний! Это ж был мой единственный шанс!

(Некоторое время оба молча думают о своем).

ЛОХМАТЫЙ. Да, кстати, я тебе каталог принес. Вот, давай выберем тебе планшет.

(Оба склоняются над каталогом, Лохматый что-то показывает и объясняет ЗО. Пространство за ними удлинняется и становится выше. Видно, как вдалеке летят Он и Она, обнявшись, как любовники Шагала. На все это с одобрением взирает с портрета святой Валентин.)

Занавес.

Инвалиды войны и остров Валаам

Недавно я наткнулась в интернете на материал, посвященный колонии инвалидов на Валааме.

Не знаю, насколько эта история известна широкой публике. Информация про нее доступна уже давно. Но у меня с ней связано личное воспоминание. Я впервые услышала про нее от папы.

Мой папа, Давид Моисеевич Гольдфарб, был инвалид Великой Отечественной Войны. Высокая ампутация бедра, верхняя треть. Когда это случилось, ему было 23 года. Он был военным врачом и эвакуировал раненых через Волгу под обстрелом во время Сталинградской битвы. Осколок угодил в левое колено, но к тому времени, как он сам попал к врачу, уже была гангрена и ногу пришлось ампутировать. Когда, провалявшись год по госпиталям, он полуживым добрался наконец до Москвы, он весил всего 43 килограмма. Родители выходили его.

Но не все инвалиды войны отделались так легко. Когда мне было лет семь, папа вдруг рассказал мне про акцию «очищения Москвы» от инвалидов войны. С улиц города в одночасье исчезли безрукие и безногие инвалиды с орденами на груди, раскатывавшие по городу на самодельных тележках и просившие милостыню. Он говорил шепотом и держал меня за обе руки. Я не знаю, зачем он тогда рассказал это мне, маленькой девочке. Но я помню свое потрясение (я уже хорошо понимала, что мой папа и есть инвалид), и как дрожало все папино лицо, именно все лицо. Может это был День Победы, а может, он просто выпил — этого я сказать не могу.

Моему папе повезло. Он был врач, у него были любящие родители, и он потерял только одну ногу. Он поправился, у него была семья, он сделал — по тем временам и для еврея — блестящую карьеру. У него была жизнь. А то, что он всю эту жизнь пропрыгал на костылях — ну что ж. Мы знаем, что это далеко не самое плохое, что случалось с героями и защитниками отечества в нашей волшебной стране.

В наши дни государство, не признавшее вины и не принявшее покаяние, вновь поднимает на щит Сталина, монстра и вурдалака, начавшего в числе прочих и эту чудовищную компанию. Это растлевает новое поколение граждан, которые растут сейчас. И — увы — превращает их в легкие жертвы настоящих и будущих монстров.

Байка простая, патриотическая

Я стояла в магазине у стеллажа с салфетками и размышляла какие выбрать. Наверное белые, так проще всего. Но те, с синеньким горошком, тоже очень хорошенькие. А дальше — в цветочек, в полоску, в клеточку, в павлиньих глазках, серо-буро-малиновые в крапинку. Пока у меня разбегались глаза, к стеллажу подкатили свою тележку мама с дочкой лет десяти. Мама стала рассматривать полки, а девочка побежала вдоль салфеточного ряда и закричала:

— Мама, вот они, вот они!

— Умница ты моя, — обрадовалась мать, и они в четыре руки стали нагружать свою тележку звездно-полосатыми салфетками, тарелками, стаканами, а сверху водрузили скатерть в виде американского флага.

Завтра Четвёртое июля — День независимости. Американцы любят свою страну. Я представила себе, как я или кто-нибудь из моих друзей покупает тарелки с серпом и молотом на седьмое ноября, поёжилась, ухватила крайнюю пачку белых салфеток и покатила к кассе, продолжая размышлять.

Есть три страны на свете, которые вызывают у меня сильные эмоции.

Первая — это Россия, Москва. Я там родилась. Это страна моего языка, моей культуры. Там прошла моя молодость. К сожалению, той страны уже нет.

Вторая — это Израиль. Там мне пожить не довелось. Любовь к Израилю у меня какая-то генетическая.

Третья — Америка. Здесь я живу, здесь мой дом.

Америка была добра к нам. Мои родители приехали сюда больными и старыми. Папа вообще умирал в институте Вишневского, мы не надеялись забрать его оттуда живым. В Америке он прожил ещё четыре года, год проработал консультантом в Национальном институте здоровья (NIH) и ещё слетал в Москву навестить внучек и друзей. Мама же не работала в Америке ни одного дня. Им выделили приличную квартиру, лечили и дали небольшую, но достаточную для жизни пенсию. Не потому, что они были какими-то особенными, а просто потому, что они были беженцами. А когда мама болела, ей прислали помощницу — сначала на 6 часов в день, потом на десять, а потом, когда она была совсем плоха — на все 24.

Это было не только гуманно, но оказалось и выгодно для страны. Потому что, если бы этого не случилось, ухаживать пришлось бы дочке (то есть мне), я бы не выучилась на врача и не платила бы гуманному государству большущие налоги. Мои налоги уже давно перекрыли ту минимальную зарплату, которую получала от государства мамина помощница. Вот это меня поражает. В Америке многое (не все, конечно) в жизни устроено так, что правильно быть хорошим! Правильно тяжело работать, правильно быть классным специалистом, правильно быть вежливым и расторопным продавцом, а не равнодушным грубияном.

А налоги и правда огромные. Но мне не жалко. Потому что я помню, как помогали моим родителям, да и другим старикам со статусом беженцев, приехавшим с моим поколением. Одного этого для меня было бы уже достаточно. Но было и другое. Например, гуманный (и выгодный для Америки) закон позволил мне — путём огромных усилий — вернуться к своей профессии.

Мне нравится, что мои дети смогли выбрать жизненные пути, которые им по душе, без оглядки на идеологию. Мне нравятся местные дороги. Мне нравится, что я могу подойти к полицейскому, и он мне поможет. Мне нравится, что на мой акцент никто не обращает внимания, если я хорошо делаю своё дело. Да мало ли что ещё.

Ко мне относятся так же, как к гражданам, родившимся здесь. И это и удивительно, и уникально.

И конечно, больше всего мне нравится, что в извечной борьбе добра и зла Америка на стороне добра. Только здесь могли принять поправку Джексона-Вэника или закон Магнитского.

У меня мало дней, которые я считаю праздниками. Я ничего не праздную только потому, что это принято.

Но Четвертое июля наполнено для меня особым смыслом.

С днём рождения Америка!

Метрическая байка

Недавно новенькая медсестра докладывала мне больного.

— Вот, мальчику три года, привела мама, жалобы на задержку развития, семья говорит по-английски.

Я, кивая, заглянула в карту: вес, рост, размер головы.

— Что это у вас тут за фунты и дюймы? — спросила я строго. — Медицина работает в метрической системе, вас должны были этому учить. Пожалуйста, переделайте.

Медсестра обиженно отошла. Ей-то говорили, что доктор G вполне нормальная и работать с ней легко, а тут такие придирки. Откуда ей знать, что мое первое соприкосновение с имперской системой мер (дюймы-фунты) оказалось для меня весьма травматичным. Настолько травматичным, что отозвалось на ней вот сейчас, тридцать лет спустя.

Имперская система мер досталась Америке от британской империи (British Imperial System). И хотя сама Британия начала официальный переход к метрической системе аж в 1965 году, Америка упорно сохраняет верность имперской системе. Все эти футы и дюймы, галлоны и пинты, фунты и унции впитаны американцами с молоком матери, как нами метр, литр и килограмм.

В этом упорстве у Америки сторонников в мире нет, если не считать Либерию и Мьянму (бывшая Бирма).

Но, конечно, в том далеком 1986 году, когда я впервые попала в Нью-Йорк, я всего этого не знала. Обстоятельства моего краткого приезда в Нью-Йорк были, прямо сказать, фантастическими. Целью было навестить папу, у которого только что диагностировали рак легких. Я приехала, как мне, и всем тогда казалось, прощаться. В Москве оставались муж и дети. Так что мое возвращение на любимую родину было гарантировано.

Надеюсь, когда-нибудь я подробно расскажу обо всей этой невероятной истории.

А сейчас позвольте мне вернуться к столкновению метрической и имперской систем. В один из немногих свободных вечеров брат Алик повел меня на шопинг. Времена в Москве были еще не голодные (до девяностых было еще далеко), но хронически раздетые и босоногие. Девочкам нужны были кроссовки, мужу — куртка. И самое главное: Наде, младшей, был нужен комбинезон.

Мамы и папы, растившие детей в конце семидесятых-восьмидесятых в Москве, наверное, помнят, какое сокровище был этот осенне-зимний детский комбинезон. Он был теплый и непромокаемый, не мешал бегать и лазить, да и запихнуть в него непоседливого ребенка было гораздо легче, чем в пальто, свитера, рейтузы и прочие многослойные одежки. Комбинезоны на моей памяти стали появляться в семидесятых, из-за границы. Их можно было еще и стирать, они были легкими и красивыми. Достать их было очень трудно.

Катин старый комбинезон был Наде еще велик, а купить новый мне не удавалось. Но вот я в Америке и сейчас куплю своей Наде самый лучший на свете комбинезон!

Брат Алик повел меня в шикарный магазин в Манхэттене. Потом, разобравшись в ситуации, я поняла, что надо было ехать в Бруклин и спокойно сделать там все покупки, но в тот момент я была, как сейчас говорят, не в теме. А Алик, несомненно, хотел сделать мне приятное. Интересно, что пустой, ярко освещенный и приятно пахнущий магазин не вызвал у меня культурного шока. Свой шок я уже испытала — в магазине игрушек. А в тот момент я была слишком озабочена покупкой комбинезона.

— Мне нужен комбинезон на четырехлетнюю девочку, — обратилась я к продавщице на своем хорошем английском. Та изобразила почтительное внимание.

— Вот размеры, — я протянула ей листок с Надиными размерами, разумеется, в сантиметрах. Надо было видеть, как изменилось лицо продавщицы.

— Мы тут в Америке вашими сантиметрами не пользуемся, — процедила она. — Мы здесь (слово «здесь» было произнесено с ударением) пользуемся дюймами! — И отвернулась. Это было неожиданно, обидно и совсем не по-американски. Все последующие продавцы бежали за измерительной лентой и начинали вместе со мной подбирать нужный размер. Хотя до рекомендации Конгресса о том, что метрическая система должна считаться «предпочтительной системой мер и весов США для нужд торговли и коммерции» оставалось еще два года.

Наверное, моя первая продавщица тоже пережила травму в столкновении с метрической системой. Может, не могла понять ее в школе, или работодатель велел освоить, а получалось плохо.

На общем фоне это была, конечно, ерунда. Но в тот момент я пыталась хотя бы внешне справиться со всем, что на меня свалилось: невероятный приезд в Америку, болезнь папы, первое расставание с мужем и девочками. И все мои усилия были разрушены мелким хамством продавщицы. Я в слезах вылетела из магазина. Вслед за мной выскочил испуганный Алик — он как раз выбирал роскошный свитер мне в подарок.

Я быстро взяла себя в руки, отмела предложения Алика вернуться и призвать продавщицу к порядку или просто размазать по прилавку, и мы отправились в другой магазин.

Ядовитое зерно обиды упало и затаилось, чтобы прорасти в благоприятных условиях. Ждать ему пришлось почти пять лет. Именно тогда я начала работать в американской медицинской системе. А в медицине применение метрической системы является обязательным, а не добровольным, как в других областях. С тех пор я мстительно повторяла это студентам, резидентам и медсестрам, которые пытались использовать не метрические единицы.

Как и всем иммигрантам, мне пришлось переходить на американскую систему в быту, хотя градусник дома у меня по-прежнему по Цельсию.

И только недавно я решила наконец разобраться в этом вопросе и по возможности понять, почему США предпочитают оставаться в компании Мьянмы и Либерии и не присоединяются ко всему остальному миру, использующему метрическую систему.

Исследования эти завели меня даже в дебри математики и физики — области для меня малознакомые и устрашающие. Поэтому прошу снисхождения, я расскажу все так, как поняла сама.

Разработка и первое внедрение метрической системы мер произошло во Франции, в конце 18-го века. В основу легли метр и килограмм. Предлагались разные математические определения метра, и в конце концов этот вопрос отдали на рассмотрение французской Академии наук.

Академия решила, что новая единица измерения должна определяться как некая частица расстояния от Северного полюса до экватора (четверть земной окружности), измеренного вдоль меридиана, проходящего через Париж.

И вот 30 марта 1791 года предложение определить метр через длину меридиана было принято — повторюсь для верности — как одна десятимиллионная расстояния от Северного полюса до экватора (четверть земной окружности), измеренного вдоль меридиана, проходящего через Париж. Единица получила наименование «Метр подлинный и окончательный» (*mètre vrai et définitif*).

Первый прототип эталона метра был изготовлен из латуни в 1795 году, а в 1799 году его отлили уже из платины.

Определение единицы массы — килограмма было привязано к определению метра. Условились, что килограмм эквивалентен массе одного кубического дециметра воды. Первый эталон килограмма был изготовлен в 1799 году в виде платиновой гири, а впоследствии его сделали из платиново-иридиевого сплава в виде цилиндра высотой и диаметром 39 мм.

Франция единолично владела эталонами метра и килограмма до 1875 года. Именно тогда первые семнадцать стран подписали Метрическую конвенцию и контроль над стандартами перешел к трем межправительственным организациям, главной из которых стала Генеральная конференция по мерам и весам (ГКМВ).

Сразу же началась разработка международных эталонов длины и массы, и копии были переданы всем странам-участницам. Метрическая система быстро получила международное признание. К 1900 году на нее официально перешли 39 стран. В течение двадцатого века метрическая система уверенно завоевывает весь мир.

В 1960 году ГКМВ приняла стандарт, который впервые получил название «Международная система единиц», сокращенно SI. Это и есть современный вариант метрической системы.

Впоследствии единицы получили более современное определение. Метр, например покинул колыбель Парижского меридиана и стал определяться в терминах расстояния, проходимого светом в вакууме за определенное время. К слову говоря, единственный параметр, который и по сей день определяется физическим эталоном-предметом, — это килограмм. Остальные определяются физическими явлениями.

В настоящее время в SI входит семь базовых единиц: метр, килограмм, секунда, ампер, кельвин (термодинамическая температура), моль (количество вещества) и кандела (сила света). И масса всяких производных. Обычному человеку приходится иметь дело с первыми тремя — мерами длины, массы и времени.

Теперь мне хочется вернуться к США.

Вместо международной системы SI в Соединенных Штатах применяется US Customary System (Традиционная система США). И это при том, что принят целый ряд правительственных актов, утверждающих SI в качестве официальной системы мер и весов Соединенных Штатов. Но все принятые акты носят для частного бизнеса и обычных жителей страны рекомендательный (а не обязательный) характер. И, естественно, американец продолжает мерить привычными дюймами и взвешивать в знакомых с детства фунтах.

Корни этого явления уходят глубоко в историю.

В британских колониях (включая США) использовалась British Imperial System (Британская имперская система). Когда в конце 18-го века во Франции была разработана метрическая система, ни Британия, ни колонии, конечно, ее не приняли. Всем известна «нежная любовь», которую испытывали друг к другу англичане и французы.

Когда США получили независимость, были сделаны первые попытки упорядочить систему измерения величин. Томас Джефферсон, будучи госсекретарем при Джордже Вашингтоне, сделал в этом отношении некоторые шаги, но по разным причинам (политическим и финансовым) дело далеко не продвинулось.

К этому вопросу вернулись только после Гражданской войны, которая закончилась в США в 1865 году. На следующий же год Конгресс страны принял акт, согласно которому метрическая система становилась официальной для использования во всех контрактах, сделках и судебных процессах. Через девять лет США подписали международную конвенцию, основавшую Международное бюро мер и весов, и в 1890 году получили копии международного эталона метра и килограмма.

Дорогие сердцу американца ярд и фунт были заново переопределены как часть метра и килограмма. Казалось бы, процесс завершен. Но увы! Принятие решения практически не повлияло на реальную жизнь. Многочисленные выступления известных ученых и политиков, равно как и правительственные рекомендации никак не могли заставить свободолюбивое, но в то же время консервативное американское общество расстаться с привычными мерами и перейти на какие-то заморские штучки. Школьники изучали метрическую систему по программе и с удовольствием забывали ее, выйдя из класса.

Ситуация стала усложняться с развитием международного бизнеса. Потребители американской продукции за рубежом стали требовать, чтобы поставляемые товары имели метрические параметры. Американские компании тоже открывали производства в Европе и Азии. В семидесятых годах двадцатого века стало даже казаться, что Америка перейдет на метрическую систему.

В 1971 году Национальное бюро стандартов выпустило отчет «Метрическая Америка», в котором рекомендовало стране перейти на метрическую систему в десятилетний срок.

В 1975 году Конгрессом был принят Metric Conversion Act, а в 1988 году Конгресс внес изменения в Metric Conversion Act, согласно которым метрическая система стала считаться «предпочтительной системой мер и весов США для нужд торговли и коммерции». В 1992 году от федеральных агентств потребовали использовать метрические единицы при измерении величин, имеющих отношение к закупкам, грантам и другим вопросам, относящимся к бизнес-активности. Но эти предписания касались только государственных структур. Частный же бизнес и рядовых граждан эти рекомендации опять не затронули.

Что же мешало США перейти на метрическую систему?

Во-первых, географическая изоляция и тот факт, что основным торговым партнером в течение долгого периода была Англия, которая сама долгое время использовала британскую имперскую систему мер. Эта причина исторически устарела.

Во-вторых, со временем США заняли доминирующую позицию в экономике и торговле и могли диктовать условия другим странам. С тех пор времена изменились. Теперь США нужно, чтобы их товары и технологии были привлекательными и конкурентоспособными.

В-третьих, экономические затраты и сложности логистики. Представьте себе гигантские расходы, связанные с подобным переходами, и невообразимую сложность процесса. Но, с другой стороны, сторонники метрической системы считают, что усилия и затраты окупятся очень быстро, как это в общем произошло в других странах. Чем дольше Америка будет это откладывать, тем дороже и труднее будет процесс. Это связано с ростом экономики и усложнением технологий.

В-четвертых, причины психологические. Это традиционный американский индивидуализм и нежелание населения осваивать другие непонятные единицы. Поэтому процесс перехода должен начинаться с начальной школы, новых учебников и подготовки учителей.

Мы на самом деле уже находимся в переходном периоде. Вес, длина и другие параметры указываются в двух системах с постепенным замещением американской системы на метрическую. Практически на всех продуктах в супермаркетах указаны веса в двух системах, правда в метрической — в скобках. Медицина давно полностью перешла на метрическую систему, так же как винная промышленность, фармацевтическая промышленность, большинство областей науки, производство фотоаппаратуры и оптики. Все продукты и товары, покупаемые государством, должны иметь метрическую спецификацию. Министерство обороны использует метрическую систему во взаимоотношениях со своими союзниками по всему миру. Если американские автомобилисты обратят внимание на свой спидометр, то увидят, что на нем указаны и мили, и километры. Но некоторые области отстают — строительство, метеорология и, конечно, повседневная жизнь.

Цена такого дуализма весьма высока. 23 сентября 1999 года NASA потеряла связь со своим объектом — орбитальным спутником Марса, в задачи которого входило изучение марсианского климата и атмосферы и передача информации. Спутник подошел к Марсу по неправильной траектории, приблизился слишком близко к планете, вошел в верхние слои атмосферы Марса и там развалился. Как выяснилось позже, он спустился на высоту 57 километров от поверхности Марса вместо запланированных 150–170 км. Ошибку в расчетах обнаружили в программе, сделанной компанией Lockheed Martin, которая поставляла NASA часть наземного программного обеспечения. LM передала NASA данные в американской системе мер, а не в стандартной метрической, чего ожидала программа NASA, и как это было предусмотрено контрактом. Ошибка обошлась в 328 миллионов долларов, а NASA полностью перешла на метрическую систему в 2007 году.

Вы еще помните, с чего мы начали наш разговор? Со старой обиды. Теперь, закончив его, я решила выполоть этот сорняк. Если бы не этот случай, я, наверное, не полезла разбираться и не узнала бы столько интересного об истории метрической системы.

Это маленькое чудо
Собачья байка

Собака Белка, двух лет от роду, появилась в нашем доме семь лет назад в комплекте с сумкой, гнездом, поводками и, самое главное, гардеробом. Гардероб состоял из платьиц, свитерочков, плащика, пальтишек, шубок и прочих милых атрибутов размера экстра-экстра-смолл. Белка — чихуахуа и весит чуть больше килограмма.

Мы знали её почти с самого рождения.

— Ну что это за собака, — говорил, бывало, Юра. — Собака должна быть большая, сильная и умная. А Белка, мне кажется, немного глуповата.

Его собачий опыт ограничивался чукотскими ездовыми лайками. А у меня собак вообще никогда в жизни не было.

Однажды в семье, где жила Белка, случилось несчастье. Её хозяйка тяжело заболела и вскоре умерла. Хозяин мотался по командировкам, и собаке стало негде жить. Вот так она попала к нам.

Теперь, когда я знаю о собаках вообще, и о Белке в частности, гораздо больше, я понимаю, что у неё была депрессия. Да и возраст был тяжёлый, подростковый. Она не играла, никогда не подавала голос и не отзывалась на своё имя. Наш добрый кот, который уже тогда был в три раза больше неё, попытался лизнуть её в нос и был твёрдо отогнан. Больше он не подходил к ней очень долго.

Юра отнёсся к своим обязанностям по уходу за Белкой очень серьёзно. Он записал ее в собачью школу. Там ее научили выполнять команды и слушаться хозяина. Через некоторое время она научилась играть. Юра отрезал помпон от спортивной шапочки и научил ее бегать за ним и приносить в зубах.

— Все очень просто, — объяснил он. — Все собачьи игрушки, и даже кошачьи, которые продаются в магазинах, слишком велики для нее. Ей нужно было что-нибудь совсем маленькое, что она смогла бы ухватить зубами.

Всё удивляло нас — и микроскопическая порция пищи, и то, что купать её можно было прямо в раковине под краном, и то, что, встречая нас на прогулке, люди почему-то ахают и улыбаются. Девочка, которая убиралась нас в доме, на полном серьезе озабочено сказала:

— Ой, как бы мне её пылесосом не засосать!

Постепенно в нашем доме стало что-то меняться. Я заметила, что Юра, вернувшись домой и наскоро обняв меня, начинает искать глазами Белку (тогда она ещё не выбегала его встречать). За собой же я стала замечать, что, когда я дома, собака всегда рядом, и мне от этого как-то спокойней.

Любовь не выскочила перед нами, как из-под

земли выскакивает убийца в переулке... Я не могу определить, когда именно она возникла. В какой-то момент меня потрясло, что Белка просто лежит и смотрит на меня, ничего не просит и не требует, просто созерцает, и ей этого достаточно.

Дальше все развивалось довольно быстро. Оказалось, что у Белки есть и голос, и интересный характер. На прогулках она с достоинством шествует рядом с Юрой, защищая его от всех опасностей. В нашем районе её знают и называют Гроза квартала (Terror of the Block). Если надо рявкнуть на собаку раз в тридцать её больше, она не колеблется. Но и поиграть не прочь. Любит детей, а к соседской девочке идёт на ручки гладиться и целоваться. Но горе тому (усатому-полосатому), кто попытается конкурировать за её законное место у меня на коленях!

В каждой комнате в нашем просторном доме есть тёплое гнездо, где Белка лежит, наблюдая и охраняя своих людей. А иногда она перемещается вместе с маленьким солнечным зайчиком, или располагается на письменном столе под лампой.

Наряжаться Белка не любит, да и нам это не нравится. Так что из роскошного гардероба, перешедшего к нам по наследству, используется только уличная одежда для утепления в холодную погоду — тут ни у кого возражений не возникает. Да ещё я изредка достаю крошечное белое платьице в красную клубничку и любуюсь, вздыхая.

На этом, хоть и с трудом, я прекращаю описание сладких подробностей нашей жизни. Не хочу утомлять читателя. Ведь у каждого собакообладателя есть масса таких рассказов. А другим это вообще не интересно.

Меня же интересует таинство возникновения любви между человеком и собакой. Верная выработанным за жизнь привычкам, я полезла вопрос исследовать.

Оказывается, вопрос этот интересует не только меня. Его изучают серьёзные учёные во всем мире, от Японии до США. Видимо, его находят настолько важным, что дают деньги на эти исследования. Ура! Значит, человечество ещё не совсем потеряно.

Вот некоторые интересные открытия современной науки.

Собака стала другом человека более тридцати тысяч лет назад. Хотя многие учёные эту дату оспаривают и считают, что это произошло всего шестнадцать тысяч лет назад. Как бы то ни было, все согласны, что собака — первое одомашненные животное и близкая родственница серого волка. Не того Серого Волка, который с Иваном-царевичем, а натурального серого волка Canis Lupus, относящегося к семейству псовых. Правда, непосредственный волчий предок собаки и волка полностью вымер. Этот факт, как и последующее смешение между разными породами собак и между собаками и волками в природе ещё больше запутали ситуацию и усложнили работу палеогенетиков, исследующих происхождение собак.

Где произошло разделение на волков и собак, тоже не до конца понятно. На это претендуют и Западная Европа, и Средняя Азия, и Восточная Азия. Где-то там, на просторах Евразии в конце плейстоцена собака стала другом человека. И человек этот был охотник-собиратель. Это оказалось очень важным для параллельной эволюции человека и собаки.

Итак, в 2010 году молодой шведский профессор Лав Дален из департамента биоинформатики и генетики Стокгольмского института естественной истории и его команда проводили раскопки в вечной мерзлоте на территории сибирского полуострова Таймыр, в долине речки Большая Балахня. Вообще-то профессора Далена больше интересовали мамонты, пещерные львы, а также некоторые грызуны и птицы. Но и кости «собаки», которые им попались, они, конечно, тоже прихватили. К изучению этих костей приступили через несколько лет — и сделали сенсационное открытие. Оказалось, что это не собака, а, скорее, волк. Его образно назвали таймырский волк.

Радиоуглеродный анализ показал, что он жил примерно тридцать пять тысяч лет назад. При сравнении ДНК этого существа с ДНК современных волков и собак обнаружилась, что геном таймырского волка уклоняется в сторону домашних собак и австралийских динго больше, чем у всех современных разновидностей волков. Ближайшими родственниками таймырского волка оказались сибирские хаски и лайки, гренландские ездовые собаки, финские шпицы и неизвестные мне китайские шарпеи. Именно эти собаки считаются самыми древними, наименее изменившимися со времён одомашнивания. Их геном содержит от 3,5 до 27 % ДНК таймырского волка (хотя он и не является их непосредственным предком).

Таким образом, наш друг таймырский волк доказывает, что тридцать пять тысяч лет назад разделение на собак и волков шло уже полным ходом. Когда же оно началось? Мутационный анализ определяет этот срок примерно в сорок тысяч лет.

Примерно в те же времена, когда профессор Дален обнаружил своего таймырского волка, другие команды учёных-палеогенетиков в разных лабораториях мира изучали не менее увлекательную тему — как естественным образом изменился генотип собак в результате одомашнивания человеком. Наибольшие изменения произошли в генных системах, ответственных за поведение (то есть мозг) и питание. Тема эта огромна, и мне придётся сосредоточиться на одном примере.

К началу неолита (примерно 12-8 тысяч лет назад) собака была с человеком уже много тысячелетий. Но только с начала неолита было замечено накопление генов, которые позволили собаке лучше адаптироваться к изменившимся условиям. В это время человек перестаёт быть охотником-собирателем, становится оседлым земледельцем, и, соответственно, потребляет больше продуктов растительного происхождения, в основном зерна.

У человека есть ген, он называется AMY2B (Alpha-Amylase 2B). На основе этого гена в организме образуется фермент поджелудочной железы, называемый амилаза. Амилаза — первый, важный шаг в переваривании сложных углеводов типа крахмала. Нет амилазы — не сможет организм переварить пшеницу, рис, картофель, кукурузу, тапиоку. Понятно, что чем больше у организма AMY2B генов — тем больше будет амилазы и тем легче перевариваются сложные углеводы. В 2014 году было обнаружено, что у волков и дикой австралийской собаки динго всего по две копии этого гена, а у сибирской хаски — три или четыре. То есть у хищников, которые живут в дикой природе и у собак, средой обитания не связанных с земледелием, гены, нужные для переваривания сложных углеводов, практически не развились, да и зачем бы им.

А вот салуки, мистический персидский грейхаунд, был выведен в незапамятные времена, больше шести тысяч лет назад в области Плодородного Полумесяца, и у него таких копий аж двадцать девять. Понятно, что пища у него была более разнообразна. Накопление гена AMY2B давало эволюционные преимущества собакам, чья среда обитания была связана с сельскохозяйственными цивилизациями.

А что же человек? Исследования последних лет показали, что накопление «амилазных» генов шло быстрее у тех народов, у которых сельское хозяйство, а не охота, были основными источниками питания.

В последние несколько лет многочисленные исследования подтвердили наличие конвергентной (идущей навстречу друг другу) эволюции между человеком и собакой — в области неврологических процессов, метаболизма и даже некоторых заболеваний.

Теперь я хочу вернуться к тому, с чего начала — к возникновению любви.

В 2015 году Михо Нагасава с сотрудниками, из отделения биотехнологии и зоологии частного японского университета Азабу близ Токио опубликовала работу, которая пролила на это свет. Она изучала выброс окситоцина в организме людей и собак. Окситоцин — нейропептид, гормон, регулирующий многие формы социального поведения, включая привязанность, преданность, установления эмоциональной связи, тот самый, который зашкаливает у матери (и не только у нее), когда она смотрит на своего новорожденного ребёнка. Тот самый, который исследуют на предмет применения при аутизме для улучшения социально-эмоциональных связей. Эксперимент оказался простой и красивый.

Доктор Нагасава отобрала тридцать пар добровольцев, человек-собака, выбирая тех, у кого были хорошие взаимоотношения. Она дала каждой паре тридцать минут, чтобы полноценно пообщаться и поиграть. При этом поощрялся зрительный контакт, прямой взгляд в глаза. В моче замерялась концентрация окситоцина — до и после контакта. Оказалось, что прямой зрительный контакт вызывает повышение уровня окситоцина у человека, что в свою очередь, стимулирует повышение уровня окситоцина у собаки. Причём эта реакция тем сильнее, чем продолжительней был именно зрительный контакт.

Контрольной группой служили 11 пар человек-волк. Все эти волки были выращены человеком с младенчества, общались с хозяином каждый день, принимали от него пищу и даже иногда играли. Но у волков прямой зрительный контакт не развит, он у них — признак угрозы. И ничего не менялось в уровне окситоцина у «волчьих» пар.

На основании этих результатов исследователи сделали вывод, что связь окситоцин-прямой зрительный контакт-взаимная привязанность, вероятно, сформировались в эволюционном процессе одомашнивания собак. У гипотезы, как и у работы, есть и сторонники, и противники. Продолжая рыться в литературе, я набрела на работу 2014 года, исходящую из *Massachusetts General Hospital*, одного из лучших медицинских учреждений в США. Исследователи просто показывали женщинам фотографии их детей и их собак, а также чужих детей и чужих собак, а потом сканировали мозг при помощи функциональной магнитно-резонансной томографии (*fMRI*). Вывод был следующим — многие области мозга, отвечающие за эмоции, реагируют одинаково на своих детей и собачек, но не реагируют или слабо реагируют на чужих детей и собачек.

Однако было ещё много разных нюансов и среди них один, прямо противоречащий окситоциновой гипотезе, которая мне так полюбилась. Тут я поняла, что мне пора прекращать. В конце концов я не кинолог и не палеогенетик. Просто я испытала на себе волшебную силу собачьего взгляда и попыталась в этом разобраться. В глубине души мне всё это время было понятно, что окончательный ответ не в концентрации молекул или петлях химических связей.

Мое научное «я» свой ответ получило. Но мое эмоциональное продолжает верить в чудо.

Неожиданно и странно
Появилось в нашем доме
Это маленькое чудо,
Чтоб украсить осень жизни.
Голос звонкий, профиль нежный
И касание целебно.
Значит, это просто ангел,
Чтоб украсить осень жизни.

Субботняя байка

— Был бы у меня хвост, научилась бы им вилять, как ты, — говорю я Белке. — Она понимающе моргает и растопыривает уши.

— Что-то я устала, — говорю я ей. — Звучит это с некоторым оттенком удивления, хотя удивляться, конечно, нечему. Понедельник я обычно начинаю, стиснув зубы и смирившись с неизбежным, а к пятнице подхожу в полубессознательном состоянии. При этом я как бы наблюдаю себя со стороны. На работе я функционирую нормально и в привычном режиме, на дороге внимательно слежу за трафиком. Мне кажется, что снаружи ничего не видно, но почему-то в пятницу сотрудники частенько намекают мне, что завтра, наконец, уикенд.

Мои личные университеты включают миллион лет непростого материнского стажа и сорок лет врачебного. А если прибавить к этому постоянную неопределенность за одиннадцать лет отказа в СССР, а здесь, в Америке — годы, отданные за восстановление права работать по специальности, то удивляться и вовсе нечему.

При этом мои университеты также научили меня ценить моменты отдыха и уметь ими пользоваться. Если меня спрашивают, что я буду делать на выходной, то я часто с восторгом отвечаю:

«Ничего!» Я жду своей личной Божественной Субботы с вечера пятницы. А начинается она ещё ночью. Часа в четыре или пять утра спальня оглашается воплями восторга, но это совсем не то, что вы подумали. Это я сквозь полусон радуюсь, что мне не нужно вставать по будильникам и я буду спать до упаду. Будильников у меня три, и звучат они с интервалом в десять минут. Причём последний — самый большой и с самым громким и омерзительным звуком — стоит так, что заткнуть его из постели просто невозможно, надо вставать. Но сегодня суббота, и будильники отдыхают. Отдыхаю и я — до девяти или до двенадцати, как получится. Потом долго и плавно передвигаюсь по дому, завтракаю, смотрю новости в интернете. Раскладываю лекарства на неделю. Я совершенно не стесняюсь своих лекарств. Они результат моих генов и прожитой жизни. Над этим я размышляю, раскладывая лекарства в специальную коробочку. Вывод получается такой — работоспособность и определенная жизнестойкость — это тоже следствие генов. А у меня ещё и результат счастливого детства, счастливого брака и моих собственных усилий. И, конечно, замечательной американской медицины и воли Божьей.

Когда я в следующий раз захожу в спальню, из-под одеяла показывает нос моя собака. Наступает время воркования и целования. Я воркую над своей микроскопической (примерно 1200 граммов веса) собакой точно так же, как ворковала над детьми лет до трёх. Потом это ими уже не допускалось. Надя была строже Кати. В три года она так и заявила мне: «Не мусоль меня, я этого не люблю!» Зато сейчас меня никто не ограничивает! Я могу лобзать и ворковать столько, сколько хочу, а моя Белка — идеальный акцептор. Потом приходит с улицы кот Мотя. Ему тоже достаётся порция любви и ласки. Вообще все в нашем доме необычно. Белка нежится в большущем гнезде, купленном именно коту, а кот предпочитает маленькую коробочку с Белкиным одеялком. Кот у нас учёный: он знает три слова — «кушать», «гулять» и «гладить». Сам он, правда, произнести их не может, но у него есть четкий язык знаков. Когда он садится неподвижно и молчаливо, как сфинкс, возле миски — его надо кормить. Если он противно мяучит особым голосом — выпустить гулять. А если плюхается на спину у тебя под ногами — то гладить. Есть ещё, правда, четвертый знак — «Пустите домой!» Кот стоит на задних лапах, а передними барабанит в стеклянную дверь.

Мой замечательный день отдыха течёт вне времени. Я делаю ничего — то самое, что мне не достаётся по будням. В категорию «ничего» может войти стирка — ведь делать ничего не надо, все делают машины, или покупка продуктов — это же одно удовольствие. У нас на стене висит маленький рисунок замечательной художницы и барда Оли Чикиной. Он называется «Очередь в молочный магазин».

Когда я впервые взглянула на этот рисунок, у меня перехватило дыхание. На рисунке была я! Молодая женщина в пальто и теплом платке с моим лицом. Снежная темная Москва, ветер рвёт волосы, мне очень холодно, но я стою и буду стоять в этой чёрной очереди. Потому что только что

завезли творог по 26 копеек за пачку, из которого получаются такие вкусные творожники. А дома у меня две девочки, и я буду стоять в этой очереди, даже если у меня отвалятся ноги. Я ничего не забыла и, наверное, поэтому люблю покупать продукты в Америке.

Я рассматриваю рисунки Оли Чикиной, фотографии, сделанные Юрой, работы Нади, книги, безделушки. Случайных вещей нет в нашем доме.

Так протекает мой день — в блаженном ничегонеделании. Вечером мы смотрим кино или читаем.

Конечно, не каждый выходной протекает так. Но без этих спасительных остановок я вряд ли бы могла идти по своей нелегкой дорожке. Восстановившись, я, как сказал мой любимый О›Генри, снова готова к подвигам Геркулеса, Жанны Д›Арк, Иова и Красной Шапочки.

Байка о языках

Когда люди возомнили о себе невесть что и построили башню почти до неба, Господь рассердился и башню разрушил. Это было бы ещё полбеды, но он также смешал человеческие языки, и люди перестали понимать друг друга.

Это было давно, а мучаемся мы по сей день. Я вот вкушаю последствия здесь и сейчас.

Этакие невесёлые мысли проносятся на заднем плане в моей голове, пока я мечусь по клинике, разыскивая хоть кого-нибудь, кто бы говорил по-испански — медсестру, социального работника, младшего медицинского помощника (*Medical Assistant*). Никому из них не хочется отвлекаться от собственной работы, чтобы в течение 15–20 минут послужить мне переводчиком.

Середина девяностых, и я резидент-невролог в крупной областной больнице на Лонг-Айленде. В комнате для осмотра у меня сидит мамаша с восьмилетним ребёнком, которого она привела на осмотр с жалобами на головную боль. Мамаша совсем не говорит по-английски и предполагает, что её восьмилетний мальчик будет и пациентом, и по совместительству переводчиком. Меня это не устраивает. Законы на этот счёт ещё не писаны (они будут писаны годы спустя) и каждый выкручивается, как может. Предполагается, что в таких ситуациях помогает штатный переводчик, приписанный, допустим, к департаменту терапии или педиатрии. Но в реальности его никогда нет. Он или в отпуске, или болеет, или в другом корпусе, или переводит кому-то другому. У меня тоже нет 30–40 минут, чтобы его ждать. Получится затор, который нужен мне не больше, чем булгаковской Маргарите на вершине лестницы. В конце концов какая-то добрая душа помогает мне. Повезло. В конце визита я ещё раз повторяю маме инструкции. Звучит это так: *«Уна таблета ала маньяна, уна таблета ала ночес»*. Это все, на что я способна.

В нашей резидентской программе большинство резидентов говорили на двух и более языках, поскольку были они, в основном, выпускниками иностранных медвузов. Мы старались помогать друг другу, а пациенты старались прибиться к резиденту, владеющему их родным языком, если таковой находился. В больнице был список сотрудников, владеющих иностранными языками, которым можно было бы позвонить в случае острой необходимости.

Но это проблему языкового барьера между иммигрантами и медработниками не решало. И, конечно, не только в нашей программе, а повсеместно, на уровне всей страны. И никто тогда не знал, что закон, который послужит основой для решения этой проблемы, вышел уже давно.

Это знаменитый Закон о гражданских правах, раздел VI, предложенный президентом Джоном Кеннеди, и после ожесточённых дебатов в обеих палатах Конгресса при энергичной поддержке президента Линдона Джонсона принятый в июле 1964 года. В двух словах закон этот запрещал дискриминацию из-за расы, национальности и цвета кожи. Следующий шаг в этом направлении был сделан только в 1980 году. Тогда Министерство здравоохранения и социальных служб США выпустило пояснение, что понятие «дискриминация по национальному происхождению» включает в себя и дискриминацию тех, для кого английский язык не родной.

В последующие годы эти понятия стали потихоньку внедряться в жизнь как в рутинные функции крупных больниц, так и в психологию врачей и других медработников. Нельзя сказать, чтобы это происходило легко и безболезненно, ведь это несло с собой дополнительные расходы денег и времени. К тому же пациенты, не знающие английского, в основном были людьми бедными, не имели страховки и системы поддержки, часто были новыми иммигрантами и беженцами. Одним словом теми, которых у нас называют «незащищенные слои населения».

Между тем проблема росла, бурлила и часто

прорывалась в прессу скандалами, судами и драмами — такими, например, как вот этот случай.

Весной 1999 года тринадцатилетняя Гризельда Замора поступила в приёмный покой местной больницы с жалобами на боли в животе. Родители не говорили по-английски, а Гризельда, которая всегда служила для семьи переводчиком, была слишком больна для вразумительного разговора. Выписана она была с диагнозом гастрит. Врач не понял больного, родители не поняли рекомендации врача и не смогли прочитать выписку. Через двое суток она была привезена родителями обратно в приёмный покой в тяжелом состоянии, и у неё был диагностирован аппендицит с разрывом аппендикса. На вертолёте девочка была эвакуирована в ближайшую крупную больницу, где через несколько часов умерла.

Такие случаи получали широкую огласку в прессе, сопровождавшуюся общественным возмущением, но основная работа на этом фронте велась незаметно для глаза широкой публики.

В августе 2000 года президент Билл Клинтон привлёк внимание всей нации, подписав Президентский приказ номер 13166. Приказ предписывал каждому государственному ведомству разработать и внедрить системы, обеспечивающие эффективный доступ к услугам для лиц с ограниченным владением английским языком (Limited

English Proficiency, сокращённо LEP). Особо предписывалось всем организациям и ведомствам, хоть как-то связанным с федеральным финансированием, внедрить у себя такие системы.

Таким образом, законодательно была учреждена обязанность всех федеральных программ, включая институты здравоохранения, обеспечить квалифицированный перевод для пользователей, в данном случае — пациентов. Причём с любого языка! Это, кстати, относилось и к аптекам, и к лабораториям, и к страховкам. Я хорошо помню то время, я тогда работала в нью-джерсийском университетском госпитале. Эти новости активно обсуждались в медицинских кругах, хотя я лично тогда не понимала, на каком высоком уровне принят этот закон.

Именно тогда у нас в больнице прочно поселились синие телефоны системы Cyracom. По этому телефону в любой момент можно было соединиться с переводчиком с любого языка. Особого ликования это у врачей не вызвало. В детской клинике, например, было всего два телефона. Чтобы связаться с оператором, надо было нажать миллион кнопок, телефоны ломались и терялись. Объясняться с больными было трудно: язык жестов, выражение лица — все это пропадало. Врач обычно сидел на своей вертящейся табуретке с синей телефонной трубкой в одной руке, ручкой в другой и картой на коленях (позже это сменилось клавиатурой компьютера). Мама ребенка держала другую синюю трубку, полностью была сосредоточена на разговоре и переводе, а юный пациент, предоставленный сам себе, делал что хотел.

Но все равно это было лучше, чем совсем без перевода. Мне вот, например, не единожды пришлось объяснять, что такое аутизм на языке мандарин.

Иногда попадались переводчики, которые знали английский хуже меня, а второй язык хуже, чем родители пациента. И медицинскую терминологию знали слабовато.

В результате разговор мог выглядеть примерно так (имя пациента вымышленное).

Переводчик. Я переводчик номер 345 с португальского языка. Я буду переводить все, что вы скажете и соблюдать конфиденциальность. Как я могу вам помочь?

Доктор. *Я доктор Гольдфарб из Н-ской больницы. Вот у меня тут с другой трубкой мама Альфредо, моего пациента. Представьтесь, пожалуйста маме.*

Переводчик. *Спасибо, доктор.*

Дальше следует обмен фразами между мамой и переводчиком.

Переводчик. *Продолжайте, доктор.*

Доктор. *Спросите у мамы, даёт ли она Альфредо лекарство леветирацетам.*

Переводчик. *Какое лекарство?*

Доктор. *ЛЕ-ВЕ-ТИ-РА-ЦЕ-ТАМ.*

Переводчик. *Переводчику нужно пояснение (так они и говорят о себе в третьем лице). Вы можете сказать лекарство по буквам?*

Доктор, стараясь не терять терпения, говорит лекарство по буквам.

Переводчик. *Переводчику нужно повторение.*

Доктор (зверея). *Это лекарство ещё называется Кеппра.*

Переводчик. *Переводчику нужно время.*

В трубке шуршание страниц. Потом следует обмен реплик с мамой.

Переводчик. *Даёт.*

Доктор. *Как ребёнок переносит это лекарство?*

Переводчик. *Переносит?!*

Доктор. *Это вы меня спрашиваете?*

Переводчик. *Переводчику нужно уточнение.*

Что мысленно произносит дальше доктор, я написать не могу, потому что меня приличные люди читают. Обычно на этой стадии доктор разъединяется, звонит снова и требует супервайзера. Следующий переводчик обычно хороший.

Очень постепенно ситуация улучшалась. Синие телефоны стали технически более быстрыми, совершенными и простыми в употреблении. Повилось много других компаний, предоставляющих подобные услуги, а это влечёт за собой снижение стоимости и улучшение качества. Профессия медицинского переводчика приобрела уважаемый статус, и требования к специалисту подобного рода повысились и стандартизировались. В 1995 году в штате Вашингтон первые специалисты получили дипломы международной Ассоциации медицинских переводчиков. А в 2009 году в США была сформирована Национальная организация дипломированных медицинских переводчиков. Здесь такая организации называется Board и переводчики сдают экзамены, как врачи, архитекторы, юристы и другие специалисты.

Последнюю (пока) точку в этой истории поставил президент Барак Обама. В марте 2016 года в качестве дополнения к ACA (Affordable Care Act, в народе именуемый Obamacare) был принят новый антидискриминационный акт. Этот акт однозначно запрещает дискриминацию, связанную с национальностью, страной происхождения и языком, специфически в области здравоохранения.

Значение всех этих изменений трудно переоценить. Масса исследований чётко показывает, как сильно языковый барьер влияет на качество медицинской помощи. Без использования специальных переводчиков пациенты из группы LEP по сравнению с англоязычными:

— дольше находятся в больнице;

— дольше ждут операций;

— у них чаще развиваются разнообразные осложнения;

— их хронические заболевания протекают тяжелее;

— побочные явления возникают чаще и чаще приводят к серьёзным нарушениям здоровья и даже смерти.

В масштабе страны это имеет огромные экономические и социальные последствия. Ну а о человеческих страданиях и говорить нечего, и так все понятно.

У нас тут в Америке в лингвистическом смысле весело. Государственного языка вообще нет. В 2013 году здесь проживали больше 41 миллиона эмигрантов, и из них больше 25 миллионов относились к категории LEP. В США люди общаются более чем на трёх сотнях языков. Как будто это американцы вавилонскую башню построили.

Но, к счастью, не я одна обо всем этом размышляла. Вот, например, светлые головы в Гугле придумали наушники с телефоном, позволяющие переводить речь с иностранного языка в режиме реального времени.

Наушники подключены к смартфону с голосовым помощником Google Assistant. Помощник распознаёт иностранную речь и диктует перевод в наушники. Свою речь также можно перевести с помощью смартфона, надиктовав ему ответ. Сорок языков пока охватили. Как раз 4 октября 2017 года в Сан-Франциско демонстрировали эту штуку. А в ноябре они поступили в продажу.

Вот такую интересную часть американской истории на примере здравоохранения и лингвистики мне довелось пронаблюдать за годы жизни в США.

ЗАПИСКИ ПУТЕШЕСТВЕННИЦЫ

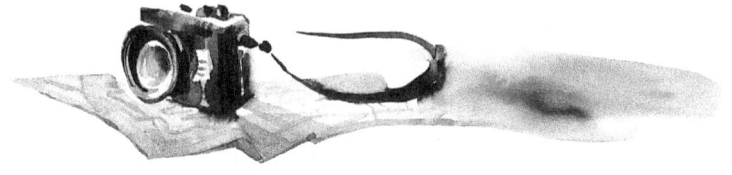

Во что верят во Вьетнаме

Мы приехали во Вьетнам сразу после китайского Нового года, но народ ещё продолжал праздновать. Вьетнамцы любят Новый год и отмечают его долго и с удовольствием. В почитаемых местах были толпы гуляющих, в основном местных жителей, а не туристов. Красиво одетые женщины в традиционных платьях аозай — длинных приталенных рубахах с разрезами выше талии, надетых на свободные штаны. Нарядные дети. Мужчины, правда, в основном одеты в привычную нам одежду, но и они были принаряжены для праздника. Наш отель в центре Ханоя находился рядом с большим озером, в середине которого был остров с парком и небольшим храмом. На мостике, ведущем к острову, продавали черепах разных размеров и маленьких живых рыбок, благовонные палочки, местные сладости и много разной еды, непонятной для нас. Я не удержалась и купила пару маленьких черепашек за доллар. Освобождение какой-нибудь живности в Новый год приносит вьетнамцам удачу. Я с удовольствием отпустила своих черепашек в озеро. Удача никому не помешает.

В храме оказалось много алтарей, больших и совсем маленьких. Я увидела статуи Будды, каких-то других явно почитаемых старцев, а также черепаху, дракона и почему-то большую деревянную лошадь. В некоторых местах перед алтарями были постелены просторные коврики, где люди сидели на пятках и, сложив руки в молитве, тихо или про себя произносили какие-то слова. В других уголках парка тоже встречались алтари и курились благовонные палочки.

— Оля, иди сюда, я тебе что-то покажу, — позвал меня Юра. — Смотри, тут сжигают деньги.

Он, конечно, пошутил. В сложённой из камня печке тлели бумажки, похожие на купюры, но это были не настоящие деньги. Наш гид объяснил нам, что воздаяние, превратившись в дым, поднимается к предкам, которым здесь поклоняются. При этом сам наш вьетнамский гид оказался протестантом.

— Вы хотите сказать, что все эти люди молятся духам предков? — с изумлением спросила я.

— Духам предков, Будде, стихиям, разным другим покровителям, — ответил гид.

— И все это в одном храме?

— Да, мы, вьетнамцы, в этом отношении очень толерантные.

Это меня очень заинтересовало, и я попыталась разобраться. Оказалось, что для большинства вьетнамцев главная вера — это культ предков, причём иногда очень близких, например, усопших родителей. В каждом магазине, ресторанчике, любом мелком бизнесе есть алтарь, украшенный цветами, фруктами и свечами. Он может быть совсем крошечным или очень роскошным, в зависимости от достатка и преданности верующего. На некоторых алтарях я видела сладости и даже пачки сигарет. Наш гид объяснил, что то, что нравится тебе, будет хорошо и для твоего предка. У предков надо просить покровительства и благоволения, но им тоже нужно помогать и поддерживать. Дважды в месяц, в особые дни лунного календаря, сжигаются деньги и маленькие предметы, например машинки. Дым, в который превращаются деньги и предметы, донесёт их до предка. Пусть предок попользуется, а потом вернёт с прибытком.

Во многих деревнях есть небольшие храмы, где почитают своих местных святых — это могут быть люди, сделавшие что-то хорошее для данного места. Этих верований придерживается примерно 45% населения.

Следующая по численности группа верующих — буддисты разных направлений. Их около 15%.

— Наш буддизм совсем не такой строгий, как в соседних странах, — объяснил наш гид. Этот разговор происходил возле огромной статуи золотого Будды. — Это наш вьетнамский Будда. Он сначала был императором и отразил нашествие монголов, а потом ушёл в монастырь и достиг совершенства.

Мне стало ещё интересней. Монгольское нашествие для человека нашей культуры — явление не чуждое.

История оказалась такова: во второй половине тринадцатого века на Дайвьет (древнее название Вьетнама) напал со своими войсками великий монгольский хан Хубилай, потомок Чингисхана, покоритель Китая, Бирмы, Камбоджи и Кореи. Но Вьетнам он завоевать так и не смог, хотя предпринял три похода. Это нашествие монголо-китайских войск отразил вьетнамский император Чан Ньян Тонг. Он со своими храбрыми генералами сумел сделать то, что не удалось русским князьям. Захватчики были отброшены, и был заключён договор, согласно которому вьеты должны были платить монголам дань, но на свою землю их так и не пропустили. Чан Ньян Тонг занял императорский трон в двадцатилетнем возрасте. Он происходил из династии Чан, которая придерживалась буддистской веры и способствовала её распространению среди вьетов. Более того, просвещённые правители этой династии много сделали для формирования общества, строившегося на буддийской этике. Буддийские заповеди легли в основу общественной морали.

Но вернёмся к нашему императору. Он вступил на престол в 20 лет, укрепил и защитил государство, через четырнадцать лет передал престол сыну, а ещё через пять ушёл в монахи.

Следующая по численности группа верующих — христиане, их около восьми или девяти процентов населения, подавляющее большинство — католики. Католичество завезли сюда в XVI веке португальские миссионеры, а затем укрепили французы.

Есть здесь и протестанты, но это явление сравнительно новое, его привезли сюда канадцы в начале 20 века. Есть во Вьетнаме небольшое количество мусульман, есть индуисты, около 30% считают себя неверующими. И, конечно, не обошлось без новой синкретической религии. Она называется Каодай, была основана во Вьетнаме в 1926 году и впитала в себя элементы буддизма, конфуцианства, культа предков, католичества и ещё бог знает чего.

В общем, здесь не скучно.

И хотя еврейской общины во Вьетнаме не существует (в 2005 году все евреи Вьетнама были приезжими контрактными работниками), но если бы я решила публично зажечь шабатние свечи и пропеть молитву, никто бы не обратил внимания. Здесь каждый молится как хочет.

Вьетнамская еда. Голос дивергента.

С кулинарной точки зрения я с Вьетнамом совершенно не совпадаю. Ничего личного. Я не ем свинину и, кроме рыбы, не люблю морепродукты. Все эти кальмары, креветки, устрицы и прочий планктон не для меня. Я не люблю мясо, кроме курицы. При моем великом уважении к рису как к основе пищевой культуре Вьетнама, его я тоже не люблю ни в каком виде. Я готова смириться с рисовой вермишелью, но с трудом справляюсь с её непомерной длиной. Жареное тофу с подливкой напоминает мне резиновую галошу, а вареные овощи — вареную же траву.

Сладости — непомерно сладкие, а подливы слишком острые.

Разочаровали меня и фрукты. Я пробовала много разных экзотических фруктов и неизменно возвращалась к арбузам, ананасам и апельсинам. Кстати, апельсины здесь очень вкусные и сочные. Местные яблоки — зелёный крошечный плод величиной со сливу со сливовой же косточкой внутри меня тоже не впечатлили. А обычные яблоки везут из Китая, и они невкусные и дорогие.

Упрёк в том, что я не ела в настоящих вьетнамских местах, отметаю сразу. Мы ели на улицах

Ханоя и в деревнях, в тесных компаниях вьетнамцев. Наш гид Ханна в Сапе готовила нам ланч дома. А на кораблике, в котором мы плавали по заливу Халонг, вьетнамский повар готовил традиционную вьетнамскую еду для пассажиров, которых было всего восемь человек. При этом мне одной готовили отдельное дополнительное блюдо, узнав, что я не ем свинины. Увы. Я надеюсь, что восторг, который я изображала, был достаточно убедительным, люди очень старались. А вот кофе здесь отменный.

Вьетнамцы любят покушать и едят много и с удовольствием. В этом отношении они напоминают мне толкиновских хоббитов. Трапеза обязательно включает в себя большую плошку варёного белого риса и две тарелочки соуса — соевого и другого — какого-то огненного цвета и вкуса. Также подают мясо, варёные овощи, какие-нибудь морепродукты — в общем, что позволяет бюджет. Трапеза обычно состоит из нескольких блюд, но дома едят проще. Хлеба практически не едят. Молочных продуктов тоже. Зато вьетнамцы очень любят суп и едят его даже на завтрак (а также на обед, ужин и перекус). Суп *бун ча* со свининой очень понравился Юре. Спасибо одному моему знакомому, который навёл меня на супчик *фо* и посоветовал его попробовать. Это оказался наваристый куриный бульон с рисовой лапшой и кусочками курицы (а можно и говядины). Далее, под руководством нашего гида Зунга мы дополняли его соком лайма, чесноком с уксусом, зеленью и перчиком. Это было самое вкусное, что я ела в Северном Вьетнаме. Обязательно постараюсь сварить такой дома своим друзьям.

Южный Вьетнам встретил нас рестораном *Le Bourgeois Restaurant* в историческом отеле Континенталь Сайгон. Юре подали три художественно оформленные креветки на пьедестале из баклажанной икры. Потом мы съели по грибному супчику, вкус которого не описать словами. На десерт я выбрала фрукты по сезону, а Юра лимонное мороженое с водкой. Фруктовую тарелку мы не сфотографировали, но Женя, наш друг и замечательный диетолог была бы нами довольна. Мне ещё подали крошечную тарелочку с каким-то порошком кремового цвета. Я осторожно подцепила на вилку одну крупинку и долго потом пила воду в тщетной попытке избавиться от жжения. Я помню, как филлипинские резиденты в моей программе солили апельсины. Но то, что французы перчат ананас, я не знала. Юре, впрочем, понравилось.

Живая скрипичная и фортепьянная музыка, изысканная обстановка и вся атмосфера обволакивающей роскоши завершили картину.

Вот так, от супчика, съеденного в нетуристическом районе Халонга, сидя на пластмассовых табуреточках, до кулинарного шедевра во французском ресторане Сайгона — все это Вьетнам.

Женщины горных племён Вьетнама

В наших путешествиях уже сложился определённый стереотип: Юра идёт впереди и орлиным (точнее, львиным) глазом высматривает то самое место, где он застынет с фотокамерой на следующие минут тридцать. Я иду сзади с гидом и расспрашиваю его, не забывая поглядывать по сторонам. Я знаю, что самое красивое место он мне пропустить не даст. А вечером я докладываю Юре, что узнала. Вопросы мои обычно не про окружающий ландшафт или архитектуру, хотя такое тоже бывает. Мне интересно как живут люди.

Последние два дня мы провели в горном районе Лао Кай, близ города Сапа, это на севере от Ханоя. Это страна горных племён. Во Вьетнаме их очень много — аж 54, но мы познакомились только с двумя — Красные Зао и Хмонги. От основного населения — вьетов — они отличаются всем: происхождением, языком, традициями и образом жизни. Все это я узнала позже, а в тот день, когда наша переводчица привела нас к себе в деревню, мне удалось самой пообщаться с представительницами двух разных племён.

В самом начале пути к нам присоединились три женщины. Одеты они были весьма живописно: в вышитые платья и чёрные штаны, с причудливыми, у всех красными, головными уборами. В ушах большие серебристые кольца, у двух женщин по золотой коронке на передних зубах. Потом я узнала, что это исключительно для красоты. У каждой на спине была круглая плетёная корзина. В таких корзинах крестьяне здесь носят все — снопы зелени, овощи, утварь, свои художественные изделия.

Женщины горных племён — замечательные мастерицы. Они шьют и вышивают свою одежду сами, а теперь ещё и изготовляют сувениры на продажу. До этих горных мест пока добирается мало туристов, и каждый на вес золота. Наши три Красные Шапочки принялись довольно назойливо предлагать нам свой товар и прошли с нами некоторую часть пути. Потом наша переводчица Хана что-то строго им сказала и они, сразу потеряв к нам интерес, развернулись и пошли вниз по дороге ловить следующего туриста.

Минут через десять к нам пристала ещё одна Красная Шапочка с круглой корзиной. Приём у всех был одинаковый: «Из какой вы страны, как вас зовут, а меня зовут... и так далее», но у этой хватило ума не сильно давить и так мы прошагали ещё минут тридцать. Мне очень любопытно было её расспросить, и в конце концов я попыталась. К моему удивлению её английского оказалось для этого достаточно. Выяснилось, что ей тридцать два года, у неё муж и трое детей, двое школьников и малыш двух лет. Её племя живет на соседней горе. Она никогда не ходила в школу и не умеет читать и писать.

— А дети? — спросила я. — Они в школу ходят?

— Да, — ответила она с гордостью.

— А кто сидит с младшим?

— Мой муж. Он дома и варит еду. «Ну еще бы!» — подумала я. Мужчины горных племен одеваются обыкновенно, как все вьетнамцы. Кто бы у него что-нибудь купил?

— А где вы научились так разговаривать по-английски?

— Разговариваю с туристами и запоминаю. Я ещё могу по-французски и на языке Хмонг. Ну и по-вьетнамски, конечно. — И добавила с гордостью: «Я знаю пять языков!» (Её родной язык — язык Красных Зао — совсем не похож на вьетнамский).

Кончилось, разумеется, тем, что я купила у неё какую-то мелочь. Она свои десять тысяч донгов честно заработала. Мы расстались вполне довольные друг другом. А про представительницу племени Хмонг я расскажу в следующем очерке.

Ещё о горных племенах Вьетнама

В тот же самый день, когда я пообщалась с Красной Шапочкой, у меня произошла довольно длинная и очень интересная беседа с представительницей племени Хмонг. Они тоже живут в горных деревушках и разговаривают на своём языке. Кстати, своей письменности у горных племён нет. Как и все горные племена, Хмонги занимаются сельским хозяйством, основу которого составляет террасное рисоводство. Ещё они разводят свиней и домашнюю птицу, выращивают овощи, собирают в своих лесах грибы и неизвестные нам коренья.

Женщины Хмонг — тоже замечательные мастерицы. Они шьют и вышивают свою одежду сами, но наряды и украшения у них совсем другие, чем у Красных Зао. Я сказала «наряды», но на самом деле это повседневная одежда, которую они действительно носят каждый день. Хмонги тоже не все одинаковые. Они отличаются друг от друга основным цветом своей одежды, языковым диалектом и обычаями. Есть цветные Хмонги, одежда у них прямо-таки попугайских расцветок, что не мешает ей быть очень живописной. Есть Хмонги белые и чёрные. Как и у Красных Зао, всё это относится только к женщинам, мужчины одеваются совершенно обыкновенно.

Наша переводчица Хана пригласила нас к

себе на дневную трапезу и повела в свою деревню. Деревня горная, живописно расположена среди рисовых полей, идти надо было всё время вверх. Где-то в начале пути, около маленькой торговой точки, Хана радостно бросилась к какой-то юной девочке и заговорила с ней по-вьетнамски.

— Вот моя соседка, Чао, её дом рядом с моим, — представила она нам девочку. Она тоже идёт домой. И мы пошли дальше вместе. К дому Ханы мы шли часа полтора.

Чао сразу очаровала меня какой-то своей удивительной аурой, ближе всего описываемой словом «позитив». Я попросила разрешения задать ей несколько вопросов. Первый вопрос — в каком она классе — вызвал у Чао приступ весёлого смеха.

— Ей 22 года, и у неё двое детей — пяти лет и трёх, — пояснила Хана.

Дальше я узнала следующее: Чао — старшая в семье. Её родителям около сорока. Они живут в той же деревне. Семья придерживается христианской, а именно протестантской веры. Чао вышла замуж в 15 лет, её муж на год старше. Мужа ей подобрали родители, как и принято в горных племенах, но поскольку Бог добр к ним, они с мужем полюбили друг друга. Чао закончила положенные девять классов образования уже будучи замужем, а дочь родила в семнадцать лет. Обычно женщины рожают дома, но она была совсем молодой, боялась и попросила отвезти её в больницу.

— На машине? — спросила я, подумав про себя — ну не на вертолёте же.

Снова взрыв хохота.

— На мопеде. — Но до больницы Чао не дотерпела и родила перед воротами больницы, прямо, можно сказать, в седле. С сыном она уже осталась рожать дома.

— А кто помогал? — спросила я.

— Муж и мама.

Роды у неё были лёгкими. После родов женщина обычно отдыхает один месяц, а потом, примотав ребёнка за спину вышитым полотнищем, возвращается к своим обычным делам. Первые пару лет они жили с родителями, а потом им помогли построить свой дом.

Как и все в деревне, они с мужем занимаются террасным рисоводством.

— Везде рис, всюду рис, — сказала Чао. По интонации это звучало как «Рис — наше всё.»

— А хотели бы вы, чтобы ваши дети унаследовали вашу ферму и тоже выращивали рис? — Твёрдое «Нет.»

— А кем бы вы хотели, чтобы они стали?

— Я хочу и молюсь, чтобы мой сын стал пастором. Но он будет делать то, что захочет.

— А дочка?

— Пусть станет хорошей христианкой и хорошим человеком.

Пока я переваривала этот неожиданный ответ, мне сообщили, что дочка ходит в детский сад, а мальчишка сидит дома. Дети до трёх лет должны быть с родителями, чтобы начать говорить на родном языке племени, а в три года они начинают ходить в детский сад, где впервые сталкиваются с вьетнамским языком. Кстати, Чао говорит по-вьетнамски свободно.

— А что делают братья и сёстры? (их в семье ещё четверо).

— Когда брату исполнилось восемнадцать, родители хотели, чтобы он женился. Но он отказался, сказал, что хочет уехать из деревни. Сейчас он живёт в Ханое, изучает туристический бизнес. А другие ещё в школе.

У семьи Чао есть два буйвола, и она умеет на них пахать. Ещё она умеет водить мопед. У них один телефон с самым дешёвым 3G планом — $2.50 в месяц. Телевидения в посёлке пока нет. Вода собирается с гор в специальные трубы и поступает в дома. Отопление — стволами бамбука.

Сейчас сезон посадки риса ещё не наступил, и Чао подрабатывает, пытаясь продать свои поделки. На спине у неё традиционная круглая корзина. Но она не пытается мне ничего предложить, просто идёт домой и весело болтает. Такое ощущение, что для неё эта прогулка в четыре километра вниз и столько же обратно вверх по горе — как сбор грибов. Найдёт грибок — положит в кастрюлю, а не найдёт — ну что ж, прогулялась. Только после того, как я покупаю какую-то мелочь у Красной Зао, она робко спрашивает:

— А у меня вы что-нибудь купите?

Мы наконец добираемся до дома Ханы. Там мы рассматриваем содержимое корзинки Чао. Я выбираю себе маленькую вышитую сумочку — такую носят все женщины Хмонг — и даю Чао 500 000 донгов — примерно 22 доллара. Я думаю, что она рассчитывала получить за неё долларов пять. Она очень рада и тут же завязывает мне и Юре на руку по вышитой ленточке. А я почему-то не испытываю неловкости, которую обычно ощущаю в таких ситуациях. Хана держит маленький магазинчик, и Чао тут же покупает пакетик сладостей для детей и, обняв нас, торопится домой. Её дом действительно соседний. Потом ещё приходит её маленькая дочка, покупает четыре конфетки и идёт играть к трём девочкам напротив. Так что считать она в свои пять лет умеет.

Я надеваю свою новую сумочку, и она оказывается удивительно удобной для того, чтобы телефон и всякие мелочи были под рукой. Я почему-то очень счастлива. Наверное, это удивительное сочетание молодости, искренности и мудрого удовлетворения своей нелёгкой жизнью, к которому мне удалось сегодня прикоснуться.

На дорогах Вьетнама

Для водителя (да и пешехода) во Вьетнаме необходимы следующие качества: хорошо развитая интуиция, отличный глазомер и здоровый пофигизм. Потому что правил никто не соблюдает. Больше того, никто не подозревает, что они существуют. Подавляющее большинство ездят но мопедах, но и машин довольно много — в основном Тойоты и Хёндаи со здоровой примесью других иномарок.

Такое впечатление, что каждый считает, что он на дороге один. Едут поперёк, наискосок, навстречу. Мопедисты бросаются прямо под колёса машин, а пешеходы — под колёса мопедов. Самое главное — вовремя уловить намерения противоположной стороны. Собирается ли оператор движущегося средства продолжать ехать, или пропустит тебя? А водитель должен немедленно решить, будет он объезжать тебя справа или слева. И при этом проехать в нескольких сантиметрах от соседнего мопеда.

Американский водитель и пешеход в такой ситуации дружно схлопотали бы по инфаркту и улеглись на соседних койках, но не в травме, а в кардиологии. А уж американский полицейский бросил бы бляху на землю и ушёл в монахи.

Но кроме шуток, я не понимаю, как они живы при такой езде. Видимо, это умение впитывается с молоком матери, которая ездила так же. Но зрелище очень впечатляет. Вчера во время нашей поездки по городу начался дождь. Сотни лихих наездников и наездниц тут же нарядились в разноцветные дождевики и продолжали мчаться под дождем в своих блестящих шлемах и развивающихся по ветру многоцветных крыльях. Зрелище было просто феерическое.

Что возят на мопедах и велосипедах во Вьетнаме?

Всё!

Детей любого возраста, начиная от новорождённых, с болтающейся головкой.

Бабушек и дедушек.

Буддийских монахов.

Рожениц (см. рассказ про Чёрных Хмонгов)

Цветущие деревья в горшках.

Зелень в снопах и овощи в корзинах.

Связки шляп.

Гигантские вязанки хвороста, которые торчат поперёк в обе стороны занимая полдороги.

Матрасы и подушки стопками.

Собак.

Всякую живность — петухов и кур в клетках, гусей, поросят.

Жестяные баки с остатками пищи, которые собираются по бесчисленным пищеточкам для тех же поросят.

Я перестала удивляться и продолжала наблюдать, не ожидая новых сюрпризов. Но ничего не могла подготовить меня к тому, что я увидела по дороге из Ханоя к бухте Халонг.

Слева от меня на уровне глаз появилась огромная, чуть продолговатая попа сероватого цвета, две ноги формы удлиненной груши и аккуратный хвостик, вид сбоку, который слегка смахивал на попу маленького слона.

Свинья, свинья на мопеде! — закричала я.

— Это не свинья, — спокойно сказал наш гид Зунг. Это маленький буйволёнок. Его, наверное, купили и перевозят с места на место. Зунг родился и вырос в провинции, и эта сцена его не удивила. Попа промелькнула и исчезла. Сфотографировать её не было никакой возможности. Она осталась навсегда в моей изумленной Вьетнамом памяти.

Невероятная история

Мы были бы не мы, если б с нами не произошла какая-нибудь невероятная, просто невозможная история.

Окрестности Сайгона нам показывала Ань. По телефону она представилась Аней. Её русский язык был так хорош, что я твёрдо сказала Юре: она не вьетнамка. Правда, была в её речи какая-то еле уловимая мягкость. Может быть, русская из Харькова или Одессы? Есть у них в речи этакая южная мягкость.

Я здорово ошиблась. Ань оказалась настоящей вьетнамкой из Ханоя, а русский она таки учила в Москве.

Дальше невероятное начало потихоньку набирать обороты. Ань оказалась врачом по образованию, выпускницей ни больше ни меньше Первого Медицинского института. Её послали учиться в СССР по программе помощи братскому Вьетнаму. Со своим мужем, тоже вьетнамцем, она познакомилась в Москве, в том же мединституте. Он тоже окончил Первый Мед, потом аспирантуру и сделался хирургом-травматологом. Они прожили в Москве больше десяти лет, там родились их дети. Но ни Ань, ни её муж не смогли работать врачами по возвращении во Вьетнам. Слишком многое изменилось в стране за это время. Сейчас муж Ань преподаёт анатомию студентам, а она сама, используя своё блестящее знание русского языка, работает гидом.

Ань человек чрезвычайно культурный и начитанный. Прибавьте к этому необычную судьбу, жизнь в таком турбулентном регионе, как Вьетнам в наше беспокойное время, десяток лет в Москве в восьмидесятые, — и становится понятно, какого уровня собеседница нам досталась. Она рассказывала об истории и культуре, как положено гиду. Ещё мы поговорили о разнице и конфронтации севера и юга Вьетнама и его исторических истоках, вьетнамской интеллигенции и иммиграции, диссидентах, Солженицыне, демократических свободах и коррупции. На мой вопрос можно ли мне об этом писать, она засмеялась и уверила меня, что это даже хорошо и люди должны знать.

— У меня ничего нет и терять мне нечего, — сказала она.

Надо ли говорить, что я испытала сильное *déjà vu*. В семидесятые и восьмидесятые годы в Москве я сама отвечала на жадные расспросы американцев о положении евреев, инакомыслии, отказниках. И тоже просила ничего не скрывать.

Поразительные параллели на этом не кончились. Мы, как водится, заговорили о детях. Старшая дочь Ань сейчас учится в Сингапуре. В девяностые годы, когда девочка выбирала жизненный путь, её дедушка, отец Ань, советовал способной внучке выбрать стезю, не зависящую от колебаний генеральной линии партии, что-нибудь практическое. Примерно такой же совет дал мне папа — только было это более сорока лет назад, в СССР. В отличие от меня, её дочка оказалась непослушной и решила посвятить себя антропологии. Сейчас она изучает древние вьетнамские иероглифы, хочет сохранить культурное наследие страны.

В разговоры о семьях и параллелях как-то вплелась другая история —история любви и драмы, разыгравшейся в Москве семидесятых, где кроме влюблённых участвовали сильные мира сего. В 1972 году профессор математики Виктор Маслов увидел на физфаке МГУ семнадцатилетнюю вьетнамскую студентку, которую, кстати, тоже звали Ань. Сорокадвухлетний профессор влюбился в неё без памяти и даже взял дополнительный курс лекций на физфаке — просто чтобы видеть её чаще. Только через два года она ответила ему взаимностью. За этим последовала полная драматических событий любовная история. Юная Ань оказалась не просто обычной вьетнамской студенткой, приехавшей учиться в СССР. Она оказалась любимой дочкой Ле Зуана — тогдашнего всемогущего секретаря ЦК Коммунистической Партии Вьетнама — факт, который она тщательно скрывала от соучеников и друзей. Если брак с иностранцем для советского человека был трудно осуществимым и мог вызвать потерю работы и другие неприятности, то для гражданина Вьетнама он был запрещён законом и приравнивался к измене родине. Влюблённые скрывали свою связь, и им удалось с помощью хитрости зарегистрировать брак только перед рождением первой дочери. Лишь тогда Ань решилась признаться во всем отцу. Его гнев так напугал молодую мать, что она долгое время пряталась с ребёнком по друзьям мужа, опасаясь, что её убьют или похитят. За ней, конечно, следили. Наивно было полагать, что вездесущий КГБ выпустит дочку Ле Зуана из виду. Слишком много было поставлено на карту. Слишком уж важная была замешана геополитика. СССР и Вьетнам связывали сложные взаимоотношения.

Ле Зуан так до конца и не простил дочь, а зятя не увидел ни разу. Правда, к старшей внучке он привязался и всегда виделся с ней, когда приезжал по делам в Москву. Ань до конца жизни продолжал преследовать страх. Именно эта ситуация, хоть и косвенно, впоследствии привела к трагической смерти Ань. Она умерла от третьих родов, в 1981 году в обыкновенной советской больнице.

Все это поведала мне *наша* Ань.

— Да сказала я, думая о своём. — Мы знаем, что генеральные секретари коммунистических партий делали со своими детьми. Ответа я не ожидала

— Это вы про генерального секретаря испанской коммунистической партии? — спросила Ань.

Я уставилась на неё в полном потрясении.

— Я читала про это книгу, «Чёрное на белом», — пояснила она. Я молча смотрела на неё.

— Эту книгу написал наш зять. — сказал Юра. Некоторое время молчали все. Первой дар речи вернулся к Ань.

— Это невероятно, я не могу в это поверить — сказала она.

Больше мы об этом не говорили. Вскоре мы подъехали к очередной достопримечательности. Но ни золотые Будды, ни пагоды, ни прочие интересности меня в тот момент не интересовали. Я впала в такую глубокую задумчивость, что стукнулась головой о металлический шит, сообщавший туристам что-то важное. Обычно такие вещи я внимательно читаю.

Я размышляла о том, как здесь, на краю света, меня догнала моя жизнь.

Волшебная Камбоджа
Рассказ 1

Камбоджа очень бедная страна. Однако она не производит угнетающего впечатления. Наверное, все дело в людях, которые здесь какие-то необычные. Наш гид, Сотик, часто употреблял слово «выживание», но мне кажется, здесь больше подходит слово «преодоление».

В тот день мы отправились в рыбацкую деревню на озеро Тонлесап ранним утром, около половины седьмого. «Это не совсем туристическое место», — предупредил нас гид. «Они просто разрешают туристам посмотреть, а сами продолжают жить своей жизнью. Их кормит озеро».

Сначала мы ехали на машине по сельской местности примерно час или полтора. Деревни вдоль дороги, хотя и явно бедные, не производили впечатления разрухи. Скорости здесь небольшие, и смотреть было интересно. Мимо сновали хлопотливые мопеды, перевозившие огромные вязанки дров, гигантские связки тростника и клетки с живыми поросятами. Сотик рассказал, что бедные крестьяне берут маленьких поросят в аренду, откармливают их и возвращают хозяевам — это один из способов заработка. Шлемов мотоциклисты в сельской местности практически не носят, да и в городе их меньше, чем во Вьетнаме. Дети, перевозимые старшими на мопедах, продолжают заниматься своими делами: едят ананас из пакета, чешут пятки, дремлют. Самые маленькие примотаны ко взрослому, но большинство держатся сами. Или считается, что держатся. Небольшие нетуристические лавчонки предлагают воду в больших баллонах, кокосы и местные овощи.

Часто встречаются большие голубые портреты, с которых строго и вдохновенно взирают премьер-министр и глава парламента, одетые в строгие европейские костюмы с галстуками. Они контрастируют с тридцатиградусной жарой и пыльной грунтовой дорогой. Вдруг по дороге проехал огромный стог сена, и сзади было непонятно, кто его везет. Оказалось, что это были две белые коровы. Такие же коровы щипали скудную травку по обочинам, напоминая большие белые скелеты с горбом на спине. Из памяти всплыло давно забытое слово «зебу». Гид рассказал, что их используют только как тягловую силу — пашут, запрягают в возы, но их никогда не доят и не едят их мясо. Они более выносливы и неприхотливы, чем буйволы. Потом я прочитала, что их обычно даже не кормят, только во время пахоты. Должно быть, они сильно завидуют своим соплеменницам из Индии, которые почитаются священными животными.

В конце сухопутного путешествия мы подъехали к каналу, пересели на моторную лодку и продолжили путешествие вниз по реке. Некоторое время берега были пустыми, но постепенно пейзаж стал меняться. Появились прибрежные заросли и ловушки для креветок. Периодически встречался какой-нибудь рыбак, стоящий по грудь в воде и проверяющий эти ловушки, другие вытаскивали сети. Над рекой возвышался навесной мостик из тонких палочек. Потом пошли дома и домики, все на высоких сваях. В сезон «высокой воды» она поднимается на пять-шесть метров.

Берега запестрели вытащенными на просушку лодками, сетями на кольях, решетчатыми цилиндрами ловушек для креветок. А остальное было как в обычной деревне: цветы у заборчика, белье, вывешенное для просушки, детская лошадка на площадке перед домом. Только все это — и цветы, и белье, и площадка с лошадкой — находилось высоко в небе, и забираться туда надо по длинной крутой лестнице без перил. Это сейчас, при низкой воде, а при высокой можно будет подплывать к двери на лодке. Промелькнули золотые крыши буддийского храма. Так мы ехали какое-то время, и смотреть не надоедало. Попадались лодки с другими туристами, и вид у них был прямо-таки обалделый. Да и у нас, конечно, тоже. Такое же выражение лиц я наблюдала у туристов в Венеции, и сопровождалось оно — как и здесь — непрерывным щелканьем и вспышками. Постепенно река становилась шире, деревня кончилась, и берега покрылись мангровыми зарослями. Потом мы выплыли в озеро Тонлесап.

Это огромное озеро — основной источник пресной воды, рыбы и креветок для сухопутной части Камбоджи. Мы пристали где-то в устье реки и пошли обратно по главной улице деревни. Сотик был прав. Место было не туристическое, а жилое. Все продолжали заниматься своими делами: семьи сидели за трапезой, женщины чинили сети, дети катались на велосипедах. Прямо на дороге были настелены широкие пластиковые полотнища, где на жгучем солнце сушились тысячи креветок.

На нас не обращали никакого внимания, только улыбались, встречаясь взглядом. В конце улицы, на местной площади, ко мне подошла какая-то женщина. Я шарахнулась от нее в сторону, подумав, что она хочет что-то продать мне. Поэтому я очень удивилась, когда увидела, что Юра достает бумажник.

— Она собирает деньги на карандаши и тетради для школы. Да вот же школа, — объяснил он.

«Это как у нас, возле магазина *ShopRite*, когда что-то продают в пользу школьной спортивной команды», — мелькнуло у меня.

Кроме школы на площади был буддийский

храм. Несколько детей в школьной форме — белый верх, темный низ — покупали какие-то сладости с лотка.

— А скажи, Сотик, — обратилась я к нашему гиду, — по камбоджийским понятиям это ведь зажиточная деревня?

— Им можно не волноваться, — ответил он. — Они выживут. Сказано это было с огромным уважением. — Их прокормит озеро.

Волшебная Камбоджа
Рссказ 2

Страна Камбоджа населена народом кхмеров. У людей моего поколения слово «кхмеры» вызывает болезненные ассоциации. Это потому, что мы привыкли слышать его в сочетании «Красные кхмеры». А это сочетание вызывает образ страшнейшего коммунистического геноцида невообразимой жестокости, масштаба и бессмысленности, произошедшего на нашем с вами времени. Я, конечно, говорю о режиме Пол Пота 1975–1979 годов, когда погиб каждый седьмой житель страны, и это по скромным подсчётам, а другие данные говорят о трети населения страны. Леденящие кровь детали и страшные фотографии обошли весь мир.

Я думала об этом когда мы собирались в наше путешествие.

Как выглядят и как чувствуют себя люди, на памяти которых национальная трагедия такого масштаба? Ведь там должны быть живы и уцелевшие жертвы, и палачи-исполнители — средний возраст полпотовского бойца был четырнадцать лет. Крестьяне до сих пор находят кости на полях.

Я подумала, что я вряд ли решусь об этом кого-нибудь спросить.

На Камбоджу у нас было отведено три дня.

Мудрый Юра при составлении маршрута решил, что лучше сосредоточиться на чем-нибудь одном и, разумеется, выбрал Ангкор. С людьми мы практически не общались — только гостиница, где все предельно доброжелательны, да торговцы сувенирами, которые везде одинаково навязчивы. Нищих я не видела, но многочисленные дети, продающие открытки и безделушки встречались на каждом шагу.

— А почему эти дети не в школе? — спросила я нашего гида.

— У нас учатся в две смены, не хватает помещений.

И правда, где-то в районе часа на улицах появлялись стайки школьников на велосипедах, шла пересменка. Форма — белый верх, чёрный низ и, в отличии от Вьетнама, никаких пионерских галстуков.

Все три дня нас водил замечательный гид, по имени Сотик, ударение на втором слоге. Он показался мне молодым и сдержанным и сначала я не решалась приставать к нему с вопросами о жизни и просто слушала, что он рассказывает. Английский он знал очень хорошо, Ангкор — тоже. У него оказался прирождённый дар выбирать правильное место для фотографии и правильный свет и интуитивно избегать толп, так что получилось здорово. Постепенно и он, и я оттаяли, и я принялась осторожно задавать свои вопросы.

Выяснилось, что когда ему исполнилось шесть лет, мать отдала его в буддийский монастырь, поскольку ребёнка нечем было кормить. Монахи учили его читать и писать, математике, английскому. Они же кормили мальчика. В двенадцать лет мать смогла забрать его домой и он пошёл в обычную школу, которую кончил с хорошими отметками. Потом он шесть лет работал в отеле уборщиком или носильщиком, я не совсем поняла. Он упорно учил английский и старался практиковаться с туристами, когда позволяли обстоятельства. Чтобы поступить на курсы гидов надо было сдать отборочные экзамены и потом учиться теории шесть месяцев — история, география, английский — это только некоторые из предметов, которые они изучают. Потом два или три месяца они ходят по маршрутам с опытным гидом, сдают выпускной экзамен и получают лицензию на работу гидом. Сотик работает в агентстве и мечтает когда-нибудь открыть своё.

Все эти разговоры происходили урывками — в основном он рассказывал про Ангкор. В некоторых местах высились подъёмные краны а башни были бережно укутаны какой-то специальной тканью.

Реставрация Ангкора продолжается, деньги дают разные богатые страны, работа происходит под эгидой ЮНЕСКО, работают иностранные специалисты, а рабочие — кхмеры.

Только представьте, как это будет, когда все реставрируют, — сказала я восторженно. Мы с Юрой люди пожилые и этого не увидим, а вот ты, Сотик, это увидишь.

— Нет, — сказал Сотик, — я этого тоже не увижу. Мне тридцать семь лет. Вот те, которым сейчас восемнадцать, может быть увидят, если это вообще возможно

— А дети у тебя есть? — спросил Юра.

— Нет, детей нет, и я никогда не женюсь, на семью надо слишком много денег.

Это было довольно странное заявление.

— Ты просто не встретил свою девушку, — сказала я. — Встретишь и передумаешь.

— Нет, — серьёзно сказал наш гид, — я должен заботиться о своей матери. Она потеряла семью, мужа и десятерых детей. Я хочу, чтобы хоть её старость прошла в покое и достатке.

— Это тогда, при Пол Поте? — осмелилась спросить я, ведь он сам об этом заговорил.

— Да, при Красных Кхмерах. — Он произнёс это по-французски: *Khmer Rouge*.

— Они тогда все жили в Пномпене, им приказали убраться из города за сутки, ей, её первому мужу и их десяти детям. Они все погибли, кого-то застрелили по дороге, а большинство умерли с голоду. Она одна выжила. После войны она вышла замуж за моего отца, и родился я и мой младший брат. Матери сейчас 79 лет. Брат работает в отеле, женат, у него есть сын. Мы живём вместе, я глава семьи. Отец умер давно, ему я ничем не мог помочь, теперь отдам все матери.

Вот так история догнала меня, смела туристический гламур и обрела плоть и кровь.

Я не решилась спросить, получает ли мать какую-нибудь компенсацию, есть ли процесс реабилитации жертв.

По приезде домой я продолжала думать обо всем этом и искать хоть какие-нибудь ответы. Есть ряд частных международных организаций, которые работают с жертвами пыток и геноцида в Камбодже. Их представители пишут, что жертвы предпочитают молчать, боятся или не хотят вспоминать. В 2003 году был создан суд под эгидой королевского правительства Камбоджи и ООН «Чрезвычайные палаты в судах Камбоджи» (*Extraordinary Chambers in the Courts of Cambodia*) для уголовного преследования лидеров красных кхмеров.

Я было обрадовалась, но тут услужливый интернет выбросил мне статью, только что напечатанную в New Your Times. Статья была про буколическую жизнь 74-летней бабушки, которая обвинялась в гибели тысяч людей. Несколько дней назад суд тихо снял с неё все обвинения.

Правительство Камбоджи, в которое входит группа бывших официальных лиц и бойцов Красных кхмеров, активно противодействует деятельности трибунала.

Этому обществу ещё предстоит тяжёлая дорога осознания и покаяния.

Гавайские каникулы

Я сижу на балконе нашей каюты и жду, когда ко мне присоединится моя скромная муза. Вообще-то мне и так хорошо, потому что на этот океан можно смотреть и смотреть. Мне не надоедает. Ярко синие, зелёные, иссиня-чёрные и белые воды не смешиваются, а сменяют друг друга. Ветер сметает с волн мелкие капельки и несёт их над поверхностью воды и вверх. Очень похоже на снежную позёмку. Океан проникает в меня через все органы чувств сразу — я его вижу, слышу, обоняю, ощущаю на вкус солёными губами, а кожей чувствую ласковое касание ветерка, насыщенного этой солёной позёмкой. Вестибулярный аппарат тоже не в обиде — мне нравится тихое покачивание.

Муза не ограничена временем отплытия корабля. Процесс захода на корабль её тоже не волнует. Это мы, грешные, каждый раз проходим *security check* и проверку личности (вдруг подменили на берегу?)

Муза летает, где хочет. Может, она в изумлении застыла у деревьев с корнями вышиной в человеческий рост, торчащими из земли, как лапы дракона, или ждёт, когда из изумрудной волны вынырнет черепаха, размером с небольшой таз? Или присела мотыльком на доску, скользящую по волнам и украшенную крошечной человеческой фигуркой? Вместо рук у фигурки крылья. Эти грациозные создания с разноцветными крыльями — явно не из нашего мира — порхают над волнами, как бабочки над лугом. Только луг у них синий.

Или она пустилась в самостоятельный полет, пока мы кружили на вертолете над вулканом. Уж ей-то можно летать над самым кратером, где бурлит первозданная магма! А от кратера очень близко до гор, и она смеется под белым водопадом, узкой стрелкой летящим в маленькое круглое озеро в дебрях джунглей?

А может, она задержалась в саду, пораженная цветами, похожими на шишки, или листьями, которые выглядят, как звезды?

Я также не удивлюсь, если она — все-таки женщина — задержалась у витрин с многоцветными платьями, веселыми «гавайками», вплетает в волосы цветы или украшает себя жемчужинами! Праздник, праздник!

Муза у меня серьезная и часто бывает грустной. Может и лучше, что она где-то задержалась. Пусть погуляет. Ей это полезно. У нас с ней — гавайские каникулы.

Богиня Пеле

Вот уж действительно, климат и земля определяют национальный характер. С этим никто не спорит. Но что это происходит так быстро и с такими изначально разными людьми — вот что показалось мне удивительным.

За время путешествия — а оно еще не кончилось — мне удалось поговорить с тремя разными людьми, гавайскими жителями. Более непохожих людей трудно себе представить.

Первой оказалась наш гид Катерина, которая возила нас на Гавайях по острову Оаху. На нем, кстати, и находится столица штата Гавайи — город Гонолулу.

Молодая и симпатичная Катерина родилась в Минске, выиграла грин-карту и несколько лет прожила в Нью-Джерси и Нью-Йорке. Училась, работала — то есть начинала весьма традиционно, и ни о каких Гавайях не помышляла. Потом её пригласили сюда в гости, она съездила, а через несколько месяцев вернулась и решила, что останется здесь жить навсегда. Она живет здесь уже девять лет, в Гонолулу, работает гидом в русском агентстве. Здесь же она встретила своего жениха — внимание! — тоже родом из Минска. В Минске они жили на соседних улицах, но не были знакомы.

Вторым оказался чистокровный американец из Миннесоты, навскидку лет шестидесяти пяти. Какую-то часть жизни он «работал на правительство», которое, как водится, посылало его жить туда и сюда. Одной такой длительной командировкой оказался город Гонолулу. Что была за работа, он не уточнял. Обычно работой на правительство считается служба в одном из силовых ведомств, разведке и в каком-нибудь министерстве. На Гавайях, как известно, находится база американского тихоокеанского военно-морского флота.

Выйдя на пенсию, он осмотрелся и приехал жить на Гавайи. Здесь он прошел (как у нас говорят, взял) несколько курсов в Гавайском Университете — по туристическому бизнесу, и теперь возит экскурсии два раза в неделю, остальное время играет в гольф и наслаждается жизнью. Он живет на острове Мауи.

Третий — тоже гид — молодой мужчина, лет сорока, родился и вырос на Гавайях. Он возил нас в ботанический сад на Большом Острове в городе Хило. Его дедушки-бабушки приехали из Португалии и из Пуэрто-Рико работать на сахарных плантациях. Он и сам выглядит, как выходец из Латинской Америки. Лично он не путешествовал дальше Лас-Вегаса, и не представляет, как можно жить в другом месте, кроме Биг-Айленда (это самый большой остров Гавайского архипелага).

Это их и объединяет — никто из них не представляет, что вообще можно жить в другом месте. Все упоминают дороговизну жизни на Гавайях, но звучит это почему-то так, будто они утверждают, что живут в раю. «К нам все везут с материка». По-разному, но все говорят — «мы», «у нас», «наше». Я услышала в интонациях какую-то скрытую нежность, причем у всех.

Поразмыслив над этим, я решила, что это гавайская богиня Пеле, повелительница вулканов, лавы, магмы и мать островов видит в душе своих избранников то, что ей нужно, и роняет туда семечко. Нет, не семечко, а кусочек вулканической лавы или черную песчинку с волшебных гавайских пляжей. С тех пор её избранники всегда будут ей верны. Среди них потомки полинезийских островитян, первыми заселивших этот край, китайцев и японцев, завербованных сюда обрабатывать плантации сахарного тростника, а также американцы, европейцы, русские.

Но Пеле не властна над пилотами. Пилот, с которым мы летали над вулканом и водопадами Биг-Айленда — красивый и обаятельный парень лет двадцати семи, на вопрос, где он видит себя в будущем, беспечно ответил: «Понятия не имею. Наверное, поеду на Аляску, там полетаю. Говорят, там рай для пилотов». Это и понятно. Ведь пилоты не привязаны к земле. Их стихия — небо.

Великая богиня Пеле знает, что её рай не для меня. Не для меня вечный праздник природы, яркий и даже какой-то эротичный, фантастические океанские просторы, могучие полубоги, скользящие на досках по высоченным волнам, белоснежные лайнеры, вулканы на горизонте. Моя душа принадлежит другим деревьям и другим водам, и свой рай я еще не нашла.

Но я счастлива, что рай богини Пеле украшает наш мир, и что мне удалось в него заглянуть.

Брюгге

Брюгге невозможно описать словами. Его нельзя передать фотографиями или картинами. Его вообще нельзя представить. Здесь надо быть. Только тогда все откроется: переплетение улиц и улочек, окруженных узкими старинными домами и сказочными дворцами, горбатые мостики над тихими каналами, окошки, украшенные кружевами и фарфоровыми фигурками. Охряное, красное, кремовое, белое. Умеренность, пропорциональность, гармония.

Добавьте к этому цокот копыт по булыжникам улиц, переливчатый негромкий звон колоколов, многоязычную разноголосицу на площадях и тишину чуть подальше от центра. По этим улочкам хочется ходить благоговейно, на цыпочках и разговаривать шепотом. Кажется, уже много раз воз-

вращались этими улочками к отелю — и каждый раз что-то новое возникает, как по волшебству. Раз — взмах палочки — и за углом открывается миниатюрный садик с лекарственными и душистыми травами и цветами, устроенный кем-то в развалинах старого дома. Заходи, если хочешь. Два — ещё взмах — и на заросшей мелкими цветами веранде уселся глиняный рыбачок, свесил удочку прямо в канал. А что у нас там? Почему эта огромная плетёная из проволоки чаша до краев наполнена старомодными будильниками всех видов и сортов? Ах, это кафе, называется «Время».

Зелень, цветы, запах шоколада и ванили. Местные озабоченно спешат по делам. Это их город. Их легко отличить — у них на велосипедах специальные перекидные сумки для продуктов. Никогда таких не видела. Как переметные сумки на лошадях из кино и литературы. Только вместо лошади — велосипед. Из сумок торчат пучки лука и длинные батоны. Да и одеты они не как туристы. При них дети и собаки. Много-много собак. И удивительная чистота. Машины и немногие автобусы почему-то не портят этот сказочный антураж. И, конечно, обалделый от счастья турист. Он гуляет по улицам, залезает на высокие башни, пьёт кофе и знаменитое бельгийское пиво в бесчисленных кафе. Его возят на лошадках, катают на лодках по каналам, водят группами.

Мы с Юрой путешествуем вдвоём. Каким-то врожденным таинственным чувством он находит самые красивые места, самые правильные маршруты. Он фотографирует, а я просто смотрю. Я испытываю особое щемящее чувство, близкое к слезам, которое, наверное, называется счастьем. Счастьем созерцания чудес. Раньше я испытывала его только прикасаясь к чудесам природы и отдельным произведениям искусства, но никогда к городам. Ни Дубровник, ни Ротенбург, ни (только не бейте меня) Венеция не вызвали у меня этого чувства.

Я абсолютно счастлива, что побывала в Брюгге. Вот и все, что я хотела сказать.

Япония, синкретизм в действии

Синкретизм — слияние. Этот разговор о слиянии религий. Мне раньше был известен только один пример слияния религий — бахаизм, тот, у которого центр в Хайфе. Мне он всегда казался каким-то искусственным.

В нашем иудео-христианском мире одна религия отпочковывается от другой, а потом они, как правило, становятся непримиримыми врагами. А уж политеисты и язычники вообще за людей не считаются. В Японии все не так. Книга Фактов ЦРУ даёт такое соотношение религий в Японии: синтоизм 70%, буддизм около 70% и всякие другие религии по мелочи. Это поначалу изумляет людей, пытающихся разобраться что к чему.

Исконная древняя религия Японии — синтоизм. Говоря попросту — это поклонение духам природы и духам предков, которых очень много. Да ты и сам можешь в конце концов стать одним из них. Главный принцип — жизнь в согласии с природой и людьми. Синтоистом, по идее, может быть только японец. Милые духи, домашние алтари, благовония, минимум — по сравнению с другими религиями — требований. Очень симпатичная и необременительная религия. В шестом веке в Японию из Китая проникает буддизм и, постепенно распространяясь, захватывает все слои общества. При дальнейшем развитии ни одна из религий не поглощает и не вытесняет другую. Они как-то гармонично сливаются и продолжают развиваться вместе. Синтоистские святыни и буддистские храмы прекрасно уживаются рядом и дополняют друг друга. Японская семья отметит рождение, взросление детей, свадьбу по синтоистский обычаям, а вот для похорон и поминовения любимых усопших пойдёт в буддистский храм. Пришедший вознести молитву поклонится и синтоистским святыням, и Будде (по-моему, не вникая в большие тонкости). В общем-то скорее традиция, чем религия в нашем понимании. Кстати, свадьбу японцы любят проводить, используя католический антураж венчания. Белое платье, фата, подружки, букеты и тому подобное. При этом к христианству это не имеет никакого отношения.

Все это объясняет странные цифры ЦРУ. При переписи японец в графе вероисповедание напишет и синтоизм, и буддизм.

Такое мирное слияние и взаимообогащение религий удивительно и непривычно человеку иудео-христианской культуры, где история полна кровавых религиозных войн и фанатизма.

В заключение хочу добавить, что никоим образом не причисляю себя к знатокам религий или японской истории. Просто это мои личные впечатления и размышления.

Красные Шапочки

Я в общем-то не собиралась ничего писать про Японию. С одной стороны, все про нее уже написано, да и многие сами там побывали. С другой стороны, я её недостаточно знаю.

Но в первый же день я получила от Японии личный подарок.

Попали мы в Токийский Шиба-Парк, где находится известный храмовый комплекс. Комплекс этот сам по себе очень красив, но я совсем не об этом.

А вот нашлась в этом парке тихая тенистая уступчатая аллея. По обе её стороны на широких каменных перилах обнаружились ряды небольших — в локоть высотой — статуэток. Все плотненькие, круглоголовые, похожие друг на друга. Но главное, что на них на всех были надеты вязаные красные шапочки! Ну прямо аллея Красных Шапочек. У каждой Красной Шапочки по блестящей вертушке, какие в определенном возрасте так любят все без исключения дети. И у каждой по маленькой подставочке — то ли для свечки, то ли для благовоний. У многих крохотные игрушечки, некоторые одеты в пальтишки или в фартучки. Заинтригованная, я принялась искать объяснение. Выяснилось вот что: эти малыши — ангелы-хранители детей. Не каких-то определённых детей, а просто детей. Красные шапочки надеты чтобы у них не мёрзли головки. Сама уже я решила, что вертушки и игрушки для того, чтобы они не скучали. Эти маленькие ангелы охраняют здоровье и благополучие детей и внуков. А также — что меня совсем поразило — хранят память о мертворожденных и преждевременно рождённых и не выживших. В какой-то момент — уверена, что специально для меня, потому что больше никого там не было — задул ветер и вертушки зашумели и заискрились. А может, наоборот — вертушки завертелись и создали ветер. Он подхватил и унёс куда надо мою молитву о внучке Сонечке-Софии, которая живет в Израиле, в городе Ашкелоне.

Ашкелон, рай для археолога

На свете много древних городов. Пальма первенства принадлежит Иерихону. Но и Ашкелон ненамного отстал. Раскопки обнаружили здесь поселение неолита, возникшее примерно девять тысяч лет назад.

Сама история раскопок Ашкелона полна драматизма.

Именно здесь были произведены первые археологические раскопки на территории Палестины, в 1815 году. Производила их некая леди Эстер Стэнхоуп, британская светская львица, авантюристка и путешественница по Ближнему Востоку. Раскопками, в нашем понимании, это назвать, конечно, трудно. Достаточно сказать, что главная находка, безголовая античная мраморная статуя высотой в семь футов, по распоряжению Стэнхоуп была разбита и выброшена в море; в 1980-е годы было высказано предположение, что это было сделано из опасения преследований со стороны турецких властей. Но начало было положено.

Расположение города Ашкелон было удачным — берег моря и пересечение древних торговых путей. Само название — Ашкелон — обозначает «мера», «вес». Это ивритские буквы — ל-ק-ש (Ш-К-Л) — «аШКеЛон». Отсюда же происходит название израильской денежной единицы — шекель.

И что особенно важно, здесь оказалась доступна пресная вода. На территории древнего Ашкелона обнаружены десятки колодцев.

Последовательность культурных наслоений отображают жизнь города в периоды царствования хананеев, филистимлян, финикийцев, греков, римлян, византийцев, арабов и крестоносцев.

Современный Ашкелон находится примерно в двух километрах на северо-восток от древнего города. А древний город лежит под территорией Ашкелонского национального парка. Земля покрыта цветами и деревьями. Там и сям стоят столы и мангалы, где жители города и их гости могут отдохнуть и насладиться вкусным шашлыком. По парку проходит множество разных маршрутов. В какой-то момент ты выходишь на высокий берег Средиземного моря, и у тебя захватывает дух. У меня из-под ног из густой травы с неповторимым звуком «ф-р-р» взлетел удод.

При этом везде торчат обломки колонн и попадаются даже целые колонны, каменные лестницы, круги и полукружья древних колодцев, барельефы и развалины стен.

Именно на территории Ашкелонского национального парка находятся знаменитые Ханаанские ворота — городские ворота и остатки стен ханаанского периода, построенные примерно в

1850-х годах до нашей эры. Это самый старый в мире арочный свод.

А вот и вишенка на торте! Несколько дней назад появились сообщения о находке в Ашкелоне медного рыболовного крючка, сделанного примерно шесть тысяч лет назад. Его длина — 6,5 сантиметра и ширина 4 сантиметра — по мнению исследователей означает, что на него ловили акул длиной два-три метра.

И хотя костяные крючки встречались и более древних времён, металлические раньше пока не попадались.

Археологи проводили охранно-спасательные раскопки, предварявшие строительство нового района, и такая находка!

Впрочем, для Ашкелона это наверное и не так уж удивительно.

Ашкелон — рай для археолога.

ДЕЛА СЕМЕЙНЫЕ

Наш семейный женский ген

Как-то моя пятилетняя дочь Катя спросила меня:

— Мама, где у человека находится то, чем он злой или добрый?

Вопрос был емкий. Во-первых, он отражал её тогдашнее ко мне отношение, а именно — мама самая умная, маме можно задать любой вопрос, мама знает все.

А во-вторых, он вполне соответствовал характеру моей дочери. Доброе и злое. Хорошее и плохое. Белое и чёрное. Середины не имеется. Уже тогда она совершенно не могла переносить вид чужого унижения и несправедливости и, как правило, действовала согласно убеждениям и вразрез с большинством. Честно признаюсь, что ей эти качества достались от меня. Но у меня ещё был и инстинкт самосохранения, так что получался некоторый баланс. Однако этого качества Катя от меня не унаследовала.

Признаки необычного характера стали проявляться у неё уже в первом классе. Мы решили, что Кате будет лучше пойти во французскую школу. Хотя по району мы могли бы отдать её и в английскую, ту, которую кончала я. Но мы уже несколько лет «сидели в отказе», а в английской школе к тому времени учились дети начальства и номенклатуры. Мы рассудили, что к Кате там будут плохо относиться. И она обязательно вступит в конфронтацию. Во французской же учились дети университетской и академической интеллигенции и, соответственно, было много евреев. А английский язык она и так уже учила дома. К слову скажу, что Катя стала серьёзным полиглотом.

Итак, французская школа. В ней изредка попадались дети дипломатов — не французских, разумеется, а из разных африканских стран, бывших колоний. Попадали они в эту школу обычно временно, пока родители не разбирались что к чему и не переводили своих чад в дипломатические школы. И вот Катина учительница первого класса поведала мне одну историю. Учительница сама была так поражена, что старалась не упустить ни одной подробности.

В середине года учительница привела в класс такого дипломатического отпрыска. Большинство учеников, включая Катю, впервые увидели чёрного ребёнка. Он был плохо одет, по-видимому, родители ещё не поняли, что такое русская зима. Из носу текли обильные зеленые сопли и, как выяснилось чуть позже, от него ещё и плохо пахло. Мальчик ни слова не понимал по-русски и затравленно озирался кругом.

— Вот ребята, — сказала учительница. — Это наш новый ученик и ваш товарищ. Его зовут (допустим) Жаке. Кто хочет с ним сидеть, выходите сюда. Учительница, конечно, не ожидала, что волонтёров будет много, но и реакция детей застала её врасплох. Весь класс дружно шагнул назад. Кроме Кати. Катя шагнула вперёд. Чувство чужого унижения и обиды причинило ей боль. Она совсем не хотела сидеть с сопливым мальчишкой, который ни слова не понимал по-русски. К тому же она уже сидела с какой-то подружкой. Но она села с Жаке и просидела с ним несколько месяцев, пока тот не исчез из её класса.

Это был её первый Поступок, а потом их было много.

Упомяну получение престижной награды *cum laude* в университете, где она изучала юриспруденцию. Не подумайте, что за учебу — училась она нормально, но не блестяще. Награда была получена за службу обществу — *Community Service*. Для практики Катя выбрала контору юриста, который защищал — угадайте кого? Ну, разумеется — бездомных ветеранов и подвергшихся насилию женщин. Был у этого юриста ещё и второй офис, где он зарабатывал деньги на жизнь, но в первом он работал бесплатно, *pro bono*. Вот там Катечка и заслужила свою награду. Подальше от денег.

Будучи студентом юридического факультета, Катя пошла в американскую армию резервистом. Она любила Америку и считала несправедливым, что студенты университетов, пользуясь плодами американской системы, не очень-то стараются стране послужить. Окончив университет, вскоре после 11 Сентября Катя изменила статус с резерва на активный и уехала воевать в Ирак. Там она пожила в пустыне, полетала на вертолётах под обстрелом и написала серию замечательных рассказов. Вернувшись с войны, она некоторое время поработала юристом на правительство США. Наверное, собиралась с силами для следующего Поступка, который не заставил себя ждать.

Катя вышла замуж за весьма необычного человека, но, охраняя её частную жизнь, я об этом писать не буду. Потом она родила дочку и через несколько лет перебралась с семьёй в Израиль, оставив меня в полном изумлении размышлять «о жизни и судьбе».

В Израиле Катя решила, что американским юристом она уже поработала и выучилась на электросварщика.

Я же продолжала размышлять, что же это я сделала такого, что ребёнок постоянно совершает Поступки. Я называла её Жанной Д'Арк, на что она, кстати, сильно сердилась.

Рефлексия давалась мне очень нелегко. Однажды мой брат Алик, человек острейшего ума, посмотрел на меня с сочувствием и сказал:

— Ну что ты так убиваешься? Ты тут совершенно не при чём. Посмотри на всех женщин нашей семьи! Это у вас какой-то сумасшедший женский ген, просто в разные эпохи он по-разному проявляется. Ты, кстати, у нас самая мирная.

Я послушалась умного брата и переключилась с самокопания на историю. И вот какая сложилась интересная картина.

Моя прабабушка Рахель была дочерью раввина. Но вдруг она влюбилась в совершенно нерелигиозного и даже неверующего еврея и вышла за него замуж против воли семьи. Раввинская семья отказалась от Рахели и порвала с нею все связи, она же осталась со своим избранником. Это был Поступок, один из немногих, доступных женщине той эпохи.

Старшим из шести детей Рахели была моя бабушка Мери. Её действительно так звали, не Мириам и даже не Мария. Наверное, это была дань «светскости» новой семьи, а может, следствие увлечения Лермонтовым.

Мери росла красивой и умной девушкой, закончила гимназию в Полоцке и должна была стать учительницей, пристойно выйти замуж и родить много детей. Но вдруг в восемнадцать лет она влюбилась в юного красного комиссара совсем из другого круга общества, против воли семьи выскочила за него замуж и уехала в Москву.

Семья не отказалась от Мери, время и обстоятельства были другими. Юный комиссар оказался человеком незаурядным, эволюционировал в дипломата-разведчика, то есть, попросту говоря, в шпиона высокого класса. В его шикарной по тем временам квартире в Столешниковом переулке и доживала свой век Рахель. Тогда её уже звали бабушка Роха или Бабушка-старенькая. До конца жизни она, как могла, поддерживала традиции своей юности. Брат Алик ещё помнит, как она зажигала субботние свечи и дарила ему денежки на праздник (наверное, это была Ханука). И что интересно, зять-большевик относился к этому толерантно. А у меня на полке стоит старинная курильница для благовоний, которую она зажигала, провожая Субботу.

Но не будем отвлекаться. Теперь моя мама. Она была единственным ребёнком Мери и назвали её вообще Цецилия. Ничего себе имя для еврейской девочки! Илечка, как её все звали, росла тихой и послушной девочкой, редкостной красавицей. Из всех моих предков и, простите, потомков, в юности она была самой красивой. Она поездила со своими родителями (ещё не запутались? — дед-шпион и Мери) по Европе, свободно говорила по-немецки, закончила школу с отличием. Поступила в медицинский институт и отлично училась. Но тут случилась война. И тихая красавица Илечка вдруг взяла, да и ушла на фронт со второго курса мединститута — добровольцем, медсестрой. Прямо из эвакуации. И, разумеется, против воли своей мамы, Мери. Дед-шпион тогда работал за границей и в семейных решениях участия не принимал.

Как водится, в свой срок у мамы родилась я. Мне думается, что Алик прав, и на мне наш «женский ген» слегка отдохнул. Конечно, мне постоянно приходилось поступать как надо, а не как легче, но что же в этом особенного? Бывали у меня ситуации и опасные, и необыкновенные. Но я их не искала, они меня сами находили. Так уж получалось. А я хотела тихой спокойной жизни.

Про Катю я уже рассказала. Да и моя младшая дочка, Надя, тоже хорошо вписывается в семейную традицию. Я про неё писала в рассказе «Надина крутая».

Когда я выстроила всю эту стройную картину, на меня снизошло сатори, (кому интересно — состояние просветления из практики дзен). Это он, зловредный ген, который заставляет женщин моей семьи совершать необычные поступки! А я тут вовсе ни при чём.

Ген страшно доминантный и со 100% пенетрантностью, с ним не поборешься!

С тех пор я расслабилась и созерцаю свой фантастический семейный пейзаж с благосклонной улыбкой Будды. Ведь я сделала все, что могла. А кто может сделать больше этого?

Явление Нади народу

Надечка была ребёнком желанным, истинное дитя счастливой любви. Мы её очень ждали.

В ожидании младенца на старый, ещё бабушкин, комодик Юра пристроил деревянную чертежную доску, и получился шикарный пеленальный столик. Этот комодик был уже наполнен прокипяченными и проглаженными пеленками, а также марлевыми подгузниками, распашонками, пинетками и разными прочими сокровищами. Особое место занимали фантастической красоты крошечные комбинезончики на кнопочках, присланные братом Аликом из Америки — фиолетовые, желтенькие, оранжевые. Я ходила большая, довольная и озабоченная. Озабочена я была, в частности, тем, что у нас не было маленькой зимней шапочки. В магазинах таких размеров не бывало, и я заказала, чтобы мне связали её на работе.

В шкафу уже месяц как жили два больших мешка — один, чтобы забирать из роддома ребёнка, а другой — для будущей мамочки.

Ау, женщины, которым пришлось рожать в России в те времена, да в зимнее время — вы, конечно, никогда не забудете этот список — распашонка тонкая, распашонка байковая, подгузник, тонкая пеленка, байковая пеленка, байковое одеяло, шерстяное одеяло, ватное одеяло с пододеяльником, капроновые ленты для завязывания. И конечно, чепчик и шерстяная шапочка.

В общем, мы с Юрой игнорировали предрассудки и готовились вовсю. Знали, что потом мало не покажется. Везде лежали списки — что надо ещё постирать, почистить и прикупить. Но тут в дело вмешалась Надя.

То есть мы тогда ещё не знали, что это Надя, но ее характер проявился уже в тот момент. Она приняла решение появиться на свет недели на две раньше запланированного родителями срока. Вечером у меня отошли воды, и мы засобирались в роддом.

— Юра, кого ты все-таки больше хочешь, мальчика или девочку? — спросила я. Мы много раз это обсуждали, и у нас было приготовлено два имени — Андрей (в честь Андрея Дмитриевича Сахарова), если родится мальчик, и Надежда, если это будет девочка.

— Мне все равно, — ответил Юра. Вид у него был довольно бледный. — Ты, главное, сама возвращайся. Видимо, к моим родам он оказался все-таки не готов.

— Юра, у тебя ещё очень много дел. Вот здесь списки. И не забудь забрать с моей работы зимнюю шапочку, постирать её и положить в пакет. Я давала Юре ещё какие-то наставления, но думаю, он меня не слышал.

Папа отвёз нас в роддом и Юра пошёл меня сдавать. Я попадала в заведение, именуемое роддомом, второй раз, и у меня был приличный жизненный опыт, но ничто не могло подготовить человека к роддому того времени. Схватки только начинались, и на ночь я оказалась во власти нянечек и медсестёр. Юре было приказано ждать за дверью, пока я облачалась в казённое — линялый серый халат в подтеках йода и стоптанные тапки. Все это, правда, было продезинфицировано. Обратно к нему меня не выпустили, а ему просто отдали узел с одеждой. Из личных вещей у меня оставались одни очки. Нянечка в приемном покое величественно указала мне на дверь.

— Иди туда.

За дверью оказался сортир.

— Садись.

— Но я не ...

— Садись! — рявкнула нянечка, и я испуганно села.

— Покажи, как ты будешь спускать воду!

Мне показалось, что я ослышалась, и я вопросительно уставилась на нянечку.

— Ну что ты такая бестолковая! Покажи, как спустить воду.

— Я недоуменно потянула за цепочку, и после этого нянечка, убедившись в моей минимальной цивилизованности, оставила меня в покое. Я так и не поняла, это нянечка была с приветом, или у них был такой порядок приёма рожениц.

Потом меня посмотрела акушерка, сказала, что раньше утра ребёнок не родится и отправила в предродовую.

Ночь я провела в предродовой. Молоденькая сестричка подходила к двери палаты, смотрела, как я корчусь от боли и уходила обратно. Два раза она слушала сердцебиение ребёнка и кивнув — мол, все в порядке, удалялась. За всю ночь она не сказала мне ни слова. Рано утром появилась акушерка, заглянула, куда положено и удивилась:

— Ого, иди-ка ты в родилку! И я, теряя тапочки и держась одной рукой за стенку, а другой поддерживая живот, поплелась в родилку. Пешком.

Надечка родилась утром. По сравнению с упитанной и розовой старшей сестрой в момент ее рождения, она выглядела крошечной и зелененькой. Но она вопила так звонко и так возмущённо, что у меня сразу отлегло от сердца.

Роддом тех времен — унижение, ужас, а для молоденьких первородящих — огромный шок. Хочется надеяться, что сейчас это не так.

Пусть кто-нибудь другой подробно опишет кошмарные детали московского роддомовского быта восьмидесятых, эти палаты на десять человек с двумя умывальниками, холодные туалеты, несъедобную пищу, один на всех холодильник в коридоре, где надо было держать принесенную родными снедь. По утрам в палату въезжала тележка с бадьями йодного раствора и марганцовки и кулями марли, и нас будил громкий клич: «Женщины, подмываться!»

После завтрака приносили на кормление детей. И тогда наступало Счастье. Правда, сначала мне Надечку долго не отдавали. Девочка получилась беленькая и сероглазая, а я была чёрная как галка. Бдительная медсестра долго сверяла бирки на наших руках и ногах, и на общение у нас осталось только 10 минут, так как всех привозили и увозили строго по расписанию. Родных, разумеется, в роддом не пускали. Один раз мне удалось увидеть своих в окошке. Сияющий Юра и весёлая Катька, которая подпрыгивала, протягивая вверх руки, словно хотела взлететь ко мне на третий этаж.

Дома Юра активно продолжал толкать процесс. Он стирал занавески, пылесосил, обустраивал балкон, умудряясь при этом ходить на работу и иногда забегать ко мне. Мама приходила каждый день.

В те времена неосложнённые роды держали в роддоме пять дней.

На третий день я заметила, что у Надечки слегка покраснел один глазик, и показала на это медсестре.

— Ерунда, — отмахнулась медсестра, — пройдёт.

На следующий день глазик чуть-чуть припух.

— Покажите её педиатру, — потребовала я.

Медсестра смерила меня взглядом типа «ты кто такая, чтобы мне указывать?»

И правда, кого она видела перед собой? Усталую бабу с немытой головой, в заляпанной рубашке и немыслимом больничном халате. Вечером у меня слегка поднялась температура. Гинеколог на вечернем обходе осмотрела меня и сказала:

— Ничего, это прибывает молоко. Мы готовим вас на выписку.

Утром я взглянула на Надин глаз и у меня упало сердце. Глаз заплыл и не открывался. А скоро явился педиатр — и с плохой новостью. Я совершенно не помню, как выглядел врач, и даже не помню, мужчина это был или женщина. Наверное, весь мой наличный разум был сосредоточен на Надином глазе и на битве, которую мне нужно было во что бы то ни стало выиграть.

— У вашего ребёнка конъюнктивит, — важно сказал врач. Гнойный. Это очень опасно.

Ещё бы мне не знать, что и где опасно, мелькнуло у меня. У моей троюродной сестры два месяца назад погиб новорождённый — от пупочного сепсиса. Инфекцию занесли в роддоме.

— Меня сегодня должны выписать, — ответила я. Мы будем лечиться дома.

— Нет, ребёнка выписывать нельзя, мы будем ей колоть антибиотик.

— Послушайте, коллега, — попыталась я удержаться на тропе мира. — Я детский врач, а моя мама — офтальмолог. Мы вылечим этот глаз дома.

— Об этом не может быть и речи! Вот и у вас температура, а у ребёнка может быть сепсис!

Я поняла, что на тропе мира мне удержаться не удастся.

— Здесь роддом, а не тюрьма. Или вы нас выписываете, или я ухожу сама — вот как есть, в халате и тапочках, и уношу своего ребёнка. Сейчас я позвоню мужу, чтобы он за мной приехал. А ещё я позвоню знакомым иностранным корреспондентам, чтобы они приехали и засняли, как у нас заботятся о женщине с ребёнком.

Здесь я, конечно, блефовала. Иностранный корреспондент в то время у меня был только один. Но уроки брата Алика не прошли даром. Чем больше огласки, тем лучше для процесса. Тем более, что выйти на улицу в начале декабря в больничном халате я была вполне готова.

На меня махнули рукой и выписали. Даже почему-то расписки не взяли. Когда нянечка заворачивала Надю в одеяла, она возмущённо спросила:

— А где же у вас шапочка? — И бормоча что-то неодобрительное под нос, ловко завернула Надину головку в край байкового одеяльца.

И мы с победой вернулись домой.

Надин глаз мы с мамой вылечили каплями и промываниями за пять дней.

Хороший был день

А потом наступили наши будни, придавленные немыслимой тяжестью быта и украшенные ощущением чуда, состоявшего в том, что все мы наконец встретились. Но это, как говорится, уже совсем другая история.

Где моя нога?
Антивоенная байка

Я решилась открыть эту тяжёлую для меня страницу семейной истории, которая тесно переплетена с историей страны, и в то же время уникальна для нашей семьи — как, впрочем, и положено подобным историям.

Я расскажу вам про фантомную боль, хотя, конечно, людям лучше бы совсем не знать, что это такое. Фантомные боли возникают в утраченной, отсутствующей конечности. Как правило, это тяжелейшие боли — жестокие, жгучие. У человека мучительно болит отсутствующая нога или рука. В те времена, когда я лично столкнулась с этим ужасом, наука ничего не знала про механизм этой боли, да и сейчас многое остаётся непонятным. Современная наука частично объясняет это перестройкой соматосенсорных полей коры головного мозга и нарушением талямо-кортикальных связей.

Это для учёных и врачей. А попросту можно сказать так. Мозг говорит: «Где моя нога? Почему я не получаю от неё нормальной сенсорной информации? Ах, её больше нет? И информации не будет? Придётся перестраиваться». Образование новых, не предусмотренных природой, связей и воспринимается болевыми центрами соответствующим образом, причиняя человеку невыносимые страдания. Это воистину тот случай, когда врач может с уверенностью сказать: «Это у вас в голове!»

Уже в начале Великой Отечественной войны в тыл стали возвращаться «ампутанты».

Они оставляли на полях боев свои конечности, приобретали ордена и сомнительную благодарность любимой родины, а на память везли фантомные боли.

Мой папа был одним них. Фантомные боли начались у него вскоре после ампутации ноги. Военврач, 23 года, Сталинградская битва. К тому времени, как я стала что-то понимать — лет в пять — боли были обычной частью нашей жизни. Папа ласково называл это своё состояние *фантомкой*.

Фантомка могла схватить его где угодно — за рулём автомобиля, на заседании ученого совета, в ресторане с друзьями. Я помню, как папа буквально влетал в дом с криком — Илечка, *фантомка*! И мать бросалась набирать лекарство в шприц. Запас прокипяченных заранее шприцов хранился в буфете в специальных металлических коробочках. А кололи ему *промедол* и *пантопон* — сильнейшие наркотики.

Я с ужасом смотрела, как мой добрый, умный, весёлый папа стонет от боли, матерится сквозь зубы, бьет себя кулаком по культе и буквально прыгает на стуле, а мама мечется кругом, пытаясь

улучить момент и воткнуть в руку шприц. Когда я подросла, то тоже стала помогать — стаскивала с папы пальто и ботинок, бежала наполнять грелку и разбирать постель. Потом мы с мамой помогали ему добраться до кровати. Через полчаса обычно подкалывали ещё одну дозу, сопровождая её горстью анальгина, димедрола, каких-то барбитуратов — чтобы только перевести его в полубессознательное состояние.

Папа обычно болел сутки. *Фантомка* упиралась и продолжала периодически «хватать» его, но уже не так сильно, как в начале атаки. Подобные атаки случались в среднем раза два в месяц, потом постепенно стали реже. Наверное, они продолжались лет сорок.

Из-за папиной *фантомки* на меня впервые накатил приступ временного умопомешательства.

Мы жили тогда в академическом доме на Ленинском проспекте, а над нами этажом выше обитал академик. Самый настоящий маститый академик — не в области какой-нибудь там истории КПСС или пролетарской философии, а учёный, притом известный. Он был очень важный, осанистый, благородного вида. При встречах я всегда кланялась ему издалека и робко здоровалась. Он же или не отвечал, или ограничивался еле заметным кивком.

По утрам академик всегда делал зарядку. Делал он её при открытых дверях балкона, при этом прыгал как заяц и топал как слон. Но мы были люди небалованные и никогда ничего не говорили.

В тот вечер папу неожиданно схватила его *фантомка*. Он промучился всю ночь, и боль отпустила его только под утро. Он заснул, собрались пойти отдыхать и мы с мамой. И тут академик наверху начал делать свою зарядку. Папа заворочался и застонал.

Здесь со мной произошло помутнение сознания: ярость, сопровождающаяся неистовством и отрывом от реальности. Настоящий берсерк. Со мной такое бывало потом несколько раз в жизни, всегда в особых обстоятельствах. Но это был первый раз. Я выскочила на балкон и заорала на академика!

— Вы что, с ума сошли?! Человек всю ночь не спал, мучился болями и только успокоился, а вы тут скачете! Вам что, делать больше нечего?!! И тому подобную галиматью.

Наверху стихло. Я, тяжело дыша, вернулась в комнату, и мама, глядя на меня с ужасом, быстро закрыла за мной балконную дверь.

Это было чрезвычайно глупо и очень невежливо. Я могла бы просто попросить его перестать топать, и я уверена, он бы согласился. Но с состоянием берсерк не поспоришь.

Подумаешь, на академика накричала. Я, если бы могла, на него в тот момент и с кулаками набросилась. Что вы хотите? Мне было семнадцать лет, я безгранично любила папу и безумно жалела его. Наверное, это мгновенно выплеснулся весь многолетний ужас перед папиной *фантомкой*,

Хороший был день

беспомощность, страдание. А академик здесь был ни при чём, он просто под руку подвернулся.

Кстати, с тех пор академик стал со мной здороваться первым, и мы делали вид, что ничего не произошло. Наверное, на него лет сорок никто не кричал, и это показалось ему забавным.

Ну вот, я закончила байку. Хотела рассказать про папину *фантомку* и рассказала. Пора закрывать эту страницу.

Но у меня почему-то не получается. Я продолжаю рассматривать лежащую передо мной справку.

Маленький пожелтевший кусочек бумаги в половину тетрадного листа. Называется «Справка о ранении». Вот она:

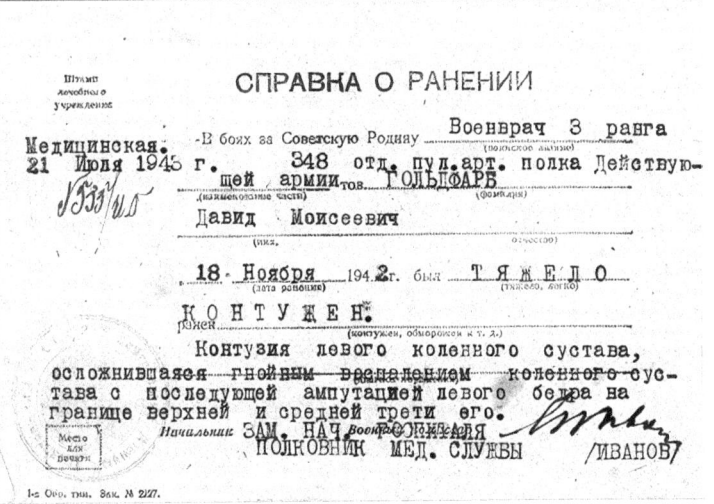

Сколько же таких справок о потере рук и ног было выписано за годы войны?

Что делает современный человек, когда у него возникает вопрос? Лезет в интернет и всесторонне изучает проблему. Изучила. Данные о раненых в литературе так же противоречивы, как и данные о людских потерях. Цифры о количестве раненых и заболевших в армии за время Великой Отечественной войны в СССР находятся в разбросе от 14 до 43 миллионов! А сколько из них потеряли руки и ноги? Вот этой информации я уже нигде не нашла. Может, это закрытая информация? Пришлось лезть в зарубежные источники.

В США после окончания Второй Мировой войны было зарегистрировано около 15–17 тысяч ампутантов, примерно 2.5% от всего количества раненых (671 278). Это у американцев, которые своих солдат берегли. А как относились к солдатам у нас, всем давно известно. Так что у нас счет шел на сотни тысяч. Если учесть, что фантомные боли поражают 80–85% ампутантов, то это болевое цунами должно было бы столкнуть нашу планету с орбиты.

В архиве Военно-медицинского музея в Санкт-Петербурге сохранилось более 32 миллионов карточек учета военнослужащих, поступивших в годы Великой Отечественной войны в военно-медицинские учреждения (говоря простым языком — раненых на поле боя или заболевших). Наверное, в этом архиве можно многое найти.

В дисциплинированных мозгах сразу возникает проект исследования с историческим обзором, методами, целями. А также предложения о практическом использовании полученных данных — например, для антивоенного воспитания школьников среднего и старшего возраста. И даже проект урока складывается.

Но, боюсь, это неосуществимо. В архив Военно-медицинского музея я не попаду. Поэтому придётся мне и дальше копаться в своих семейных архивах.

День Большого Переворота

Все в этой истории правда. Я ничего не придумываю, просто рассказываю. Да и кто станет таким шутить.

К тому времени, о котором я собираюсь рассказать, мы прожили в Америке уже целый год. Он был полон всякими событиями. Я сдала свои медицинские экзамены и планировала начать педиатрическую резидентуру. Юра ходил в вечерний колледж и получил первую работу — вычерчивать планы улиц на компьютере, чтобы пожарные машины могли быстро найти нужный адрес (системы GPS в те времена существовали только для авиации).

Чтобы добираться до работы, нужен был автомобиль. И тогда еврейская община, которая нас принимала, «продала» нам машину. За десять долларов. Это была старая, очень старая Субару. Но она ездила! Юра научился водить, сдал на права и ездил на ней на работу.

Девочки отходили год в местную еврейско-американскую школу, пережили свои трудности первого года жизни в новой стране. В общем, год получился очень насыщенным, и мы решили, что пора сделать маленькую передышку. Куда же направить свои стопы семье из четырёх человек, практически без денег, недавно из России? Конечно же, на кемпинг! Туристическое оборудование мы привезли с собой. Машина у нас уже была, бензин тогда стоил дешево, а стоянка на кемпинге обходилась в 10—15 долларов за ночь. Тем более, что платить мы собирались пополам с нашими друзьями, такими же бедными новыми иммигрантами, как мы сами. Мы тогда жили в Коннектикуте, а их судьба забросила в Бостон. Они присмотрели чудесный кемпинг в штате Нью-Хэмпшир, и мы решили отправиться туда все вместе. Лес, озеро, костёр — что может быть лучше!

И вот в одно прекрасное летнее утро мы загрузили в нашу первую машину туристическое оборудование, продукты, бутылку вина, чтобы отпраздновать одно чудесное событие, о котором речь впереди, одежду, игрушки и отправились навстречу приключениям. От Стэмфорда до Бостона мы доехали за один день и заночевали у наших друзей. Мы давно знали друг друга в Москве, дружили, вместе участвовали в еврейской культурной жизни и уехали практически одновременно. У них было двое мальчишек примерно возраста наших девочек. Так что вечер прошёл очень насыщенно — шумно, гамно и весело. Когда мы наконец отправились спать, нам с Катей и Надей выделили комнату, где стояла огромная кровать с балдахином. Там было ещё одно спальное место, но мы почему-то улеглись все вместе. У меня не было в обычае спать со своими детьми. Я хорошо запомнила ту ночь — бесшумное дыхание Кати, которая всегда засыпала мгновенно и не шевелилась всю ночь, и Надечку, которая непрерывно крутилась, что-то бормотала, клала на меня то ноги, то голову и пахла, как обычно — молоком и цветами.

Утром мы долго и суматошно собирались, завтракали и упаковывали наших друзей. Юра с Семёном — так звали главу семьи — загружали тяжелые вещи и пристраивали на верхний багажник чемодан, который едва не забыли в суматохе и который никак не хотел умещаться в салоне универсала. Тамара — так звали мать семейства — заворачивала последние бутерброды, а я следила, чтобы дети не разбежались. К полудню мы тронулись в путь. От Бостона до штата Нью-Хэмпшир рукой подать, и вскоре Массачусетс остался позади. Мы катили по лесистому Нью-Хэмпширу, наши друзья впереди, мы за ними, и я наслаждалась моментом. Мы вместе едем отдыхать, впереди — чудесная беззаботная неделя. Девочки что-то радостно бубнили на заднем сидении, Юра сосредоточенно наблюдал за дорогой, и ехать оставалось не более получаса. Вдруг меня что-то кольнуло. Я почему-то вспомнила, что вчера вечером забыла сказать благословение над своими детьми.

Я сама завела обычай благословлять детей,

хотя меня совсем нельзя было назвать религиозным человеком. Мне нравилось, что мои девочки воспринимают моё благословение как нормальную часть жизни, как поцелуй на ночь и пожелание доброй ночи. Мне нравилось, как они серьёзно подходили ко мне и подставляли свои головки, чтобы я могла прикоснуться и произнести над ними слова молитвы. Из традиционной еврейской молитвы для благословения детей я намеренно убрала различия между мальчиками и девочками, и в такой интерпретации она звучала совсем нетрадиционно.

Но накануне, к тому моменту как мы угомонились и отправились спать, все были в невменяемом состоянии, и никто об этом не вспомнил.

«Нехорошо», — подумала я. Обстановка в машине для вечернего благословения была совсем неподходящая. Но я нарушила ещё одну традицию (увы, не первую и не последнюю) и мысленно произнесла благословение два раза, сосредоточившись отдельно на Кате и на Наде. После этого вроде бы можно было и успокоиться, но этого не произошло.

Почему я никогда не благословляю Юру, ведь он значит для меня не меньше, чем дети, подумала я и произнесла в уме ту же молитву, сосредоточившись на нем. Никто ничего не заметил. Юра продолжал серьезно рулить. Он был молодой водитель и относился к процессу с большой ответственностью.

Мысль, которая пришла мне в голову следом за этим, была очень странной. Если там, где положено, услышат мои молитвы о детях и муже, то и мне зачтется. После этого я совершенно успокоилась и принялась снова любоваться пейзажем.

А через две минуты мы перевернулись. Авария была ужасной, хотя пострадала в ней только одна машина — наша. Помните тот чемодан, который наши мужчины пристраивали на крыше машины Семёна перед началом путешествия? Там что-то отстегнулось или оторвалось. Чемодан поднялся на крыше автомобиля, как наполненный воздухом парус, и замер на мгновение в таком положении. Затем еще что-то лопнуло, и он воспарил над землёй. Мы шли на скорости миль 70 в час по четырехрядному скоростному шоссе, во втором слева ряду. В этот момент между нами и нашими друзьями была ещё одна машина. Она ловко вильнула в сторону, и чемодан грохнулся прямо к нам под колеса. Машина встала на бок, на два левых колеса. Юра отчаянно закрутил баранку, но никто бы не мог выровнять машину из такого положения.

«Ой!» — успела только сказать я, и мы полетели на обочину, чудом не задев того, кто ехал слева, и покатились кувырком по широкой травяной ложбине, разделявшей два противоположных направления хайвэя. Машина перевернулась три раза и встала на колёса. Всё произошло за несколько секунд. Интересно, что мой разум продолжал чётко работать, а эмоции всхлипнули и ушли куда-то в глубину. По моим представлениям, почерпнутым исключительно из кинематографа, машина должна была немедленно взорваться. Мою дверь почему-то не заклинило и выскочив, я стала вытаскивать из машины Катю, которая сидела за мной. И тут услышала возглас Юры: «А где Надя?!»

Нади в машине не было.

Лишь долю секунды я пыталась осмыслить эту информацию, потому что сразу увидела Надю. Она сидела на травянистом холмике метрах в пятидесяти от нас и причитала по-английски: «Oh, my leg, my leg!» До этого говорить дома по-английски она категорически отказывалась.

Моя следующая мысль была: «Слава богу, у неё всего лишь сломана нога!» Думаю, что ни одна мать так не радовалась сломанной ноге у своей дочки, как я в тот момент. Такой и осталась эта сцена в моей памяти — потрясённое лицо Юры, Катя, в слезах, прижимающая к груди обломок какого-то предмета, Надя на холмике вдалеке. И люди, бегущие к нам со всех сторон.

— Мэм, вам надо лечь, успокойтесь, сейчас прибудет помощь, — уговаривал меня на ходу какой-то парень, но я мчалась к Наде. Не обращая ни на что внимания, я плюхнулась перед ней на колени и принялась ощупывать её ногу. Нога была вовсе не сломана! На коленке красовалась ссадина, и чуть ниже — несколько царапин.

Забегая вперёд, скажу, что домашнее расследование выяснило следующее: незадолго до аварии озорная Надя втихаря расстегнула свой ремень безопасности. Она потом утверждала, что у неё заболел живот, а разрешения она не спрашивала, потому что знала, что все равно не разрешат. То есть в момент аварии мы трое были пристегнуты и остались в машине. Надя же вылетела в окошко! Когда машина покатилась, стекла разбились вдребезги, и не пристёгнутую Надю вынесло из машины. Так она попала на свой холмик. А мы втроём покатились вниз дальше.

Но, разумеется, в тот момент я ни о чем таком не думала. Реальность случившегося начала постепенно доходить до меня. Движение на хайвее полностью остановилось. Откуда ни возьмись, будто только и ждали этого момента, со страшным воем примчались штук десять машин скорой помощи и полиции. От падения чемодан раскрылся и пролетел по дороге еще метров сто, теряя по пути свое содержимое.

А наше туристическое оборудование и разные другие вещи были разбросаны по всей спасительной травянистой лощине. Бутылка вина разбилась и наполнила винными парами салон смятой машины. Один из полицейских подозрительно внюхивался в этот запах, но вскоре разобрался, что к чему. Нас четверых быстро уложили на носилки.

— Не надо меня на носилки, — отбивался Юра, — со мной все в порядке! Как моя жена?

— Лежите смирно, мистер, — у вас шок! — отвечал парамедик, пристегивая его к носилкам.

— У нас нет медицинской страховки! — вторила я.

— И у вас шок, — отвечали мне.

На нас смотрели с жалостью, но не уступали.

А что же наши друзья? Они некоторое время продолжали движение вперёд в счастливом неведении, но быстро поняли, что что-то не так. Движение за ними по хайвею полностью прекратилось. А потом завыли сирены. Предчувствуя нехорошее, Семён подал назад и пятился так, пока не достиг места аварии. Когда они подбежали к нам, уже лежащим на носилках, лица у них были безумные.

После беседы с полицейскими им разрешили собрать уцелевшие вещи и поехать вслед за нами в больницу. Наша машина, разумеется, была полностью разбита. В больнице нас крутили и вертели часа три. Врачи никак не могли поверить, что ни у кого из нас четверых, переживших такую аварию, нет никаких серьёзных повреждений. У нас троих были ссадины от ремней безопасности и несколько порезов на руках от разбитых стёкол, у Нади — умеренно расцарапанная нога, просто промыли и помазали йодом. Просканировав что только можно и вкатив всем по дозе противостолбнячной сыворотки, нас наконец отпустили.

На пороге больницы нас подобрали наши друзья, и мы отправились обратно в Бостон. Ещё одно чудо, как мы — ввосьмером! — и остатки наших вещей поместились в их большую, но не резиновую же машину. Правда, у них тоже стало на один чемодан меньше, и мальчикам пришлось ехать в пространстве за задним сиденьем. Под вечер мы снова были в доме, из которого стартовали утром.

Я уложила девочек спать на той же кровати с балдахином и сидела с ними, пока они не уснули. После этого я выползла в столовую.

Теперь я открою вам первый секрет. Этот секрет — дата. Наш семейный Большой Переворот произошёл 20 августа 1991 года.

Слухи о военном путче в СССР и событиях в Москве стали просачиваться к нам накануне. Но мы за событиями следить не могли, поскольку все время были в дороге, а теперь попали к телевизору.

— Оля, иди скорей сюда, — позвали меня. Я взглянула на экран, по которому бежала красная лента Breaking News. По всем каналам показывали только Москву. В обычной ситуации я бы припала к телевизору и не отходила от него сутки. Но в тот вечер мой эмоциональный резерв был исчерпан полностью, и для переворота в СССР у меня сил не осталось. Уже потом я увидела все — и трясущиеся руки Янаева, и баррикады перед Белым Домом, и танки на улицах Москвы. А тогда я вяло кивнула и отправилась спать к своим девочкам. Ушла и Тамара. А Юра с Семёном остались смотреть до утра. Это ли не доказательство, что мужчины и женщины по-разному переживают одни и те же события.

Теперь пора открыть второй секрет — и это опять дата. 21 августа. Десять лет назад, 21 августа 1981 года мы с Юрой расписались. Этому простому гражданскому акту предшествовала череда необычных событий и, казалось бы, непреодолимых препятствий. В схему «встретились — полюбили, комнату дадут — поженимся» мы определенно не укладывались. Именно это событие мы и хотели отметить за бутылкой хорошего вина у костра с друзьями.

Наутро ребята погрузили нас четверых в свою машину и отвезли обратно домой.

Приключение было закончено.

Жизнь вступала в свои права.

Новорожденная демократия в России делала свои первые шаги. Мы получили от автомобильной страховки две тысячи долларов за старушку Субару и потерянные вещи, и купили другую старую машину. Та же автомобильная страховка оплатили все наши больничные счета.

Потом у нас были другие отпуска и другие юбилеи. Я долго не рассказывала никому подробности этой невероятной истории. Все, конечно знали, что мы были в аварии, но и только. Зато я сама мысленно возвращалась к этим событиям постоянно. Чудеса и совпадения были необычными даже для нашей богатой необычными событиями жизни. Разум никак не хотел смириться с выводами. Ведь мы должны были если не все, то некоторые погибнуть в этой аварии, или хотя бы переломать себе шеи, руки и ноги. А Надя, по которой просто прокатилась машина, оставив в назидание расцарапанную ногу? Приходилось признать, что единственным выходившим за рамки обычной жизни явлением была моя молитва. Молитва, произнесённая по еврейской традиции неправильно, не так, не там и не тогда, просто по внутреннему импульсу. А потом нам разбили эту бутылку, как разбивают бутылку о борт нового корабля, желая долгого и счастливого плавания. Нас поздравили с вновь начинающейся жизнью. При этом исторический переворот в СССР для нашей семьи стал вехой, отделяющей Тот День от всех других дней нашей жизни.

Здесь я остановлюсь, чтобы не впадать в мистику. Пусть каждый сам делает выводы, если желает. Я свой вывод сделала, и мне достаточно.

С тех пор прошло много лет. Дети выросли и идут по жизни своими нелегкими путями. Они теперь самостоятельно переживают свои перевороты. Новые юбилеи ожидают нас впереди.

И похоже, что ни у детей, ни у нас с Юрой не было защиты сильнее той молитвы.

О соседях и не только

В 1968 году мой папа перешёл на работу в Большую Академию Наук. Он получил место завлаба в Институте Общей Генетики, мы переехали в новую квартиру, а я, в очередной раз, перешла в другую школу. Академия наук построила себе два дома-башни на Ленинском проспекте, в тихом зеленом дворе другого академического дома. Мы переехали туда из трехкомнатной «распашонки» на Соколе, расположенной в рабочем районе, в двадцати минутах пешком до метро, — и нам показалось, что мы поселились в раю. Три изолированные комнаты, приличная кухня, большой коридор, стенные шкафы, две шикарные лоджии! Раздельный санузел! Три минуты до трамвая, троллейбуса, автобуса. Папе предоставили выбор этажа, и он взял квартиру на втором, памятуя, что на Соколе ему случалось скакать на костылях на седьмой этаж, когда ломался лифт. Мы получили эту квартиру на четверых, но брат Алик вскоре перебрался к друзьям в общежитие биофака МГУ, и мы остались втроём.

Хоть дом и был академический, но жили в нем не только академики и профессора. Например, на том же втором этаже, в однокомнатной квартире жила одинокая старушка, сестра какого-то академика, который и выхлопотал ей это жильё. Она была бездетной вдовой и через некоторое время привезла и прописала к себе мужниного племянника. Племянник женился и родил ребёнка. С этим мальчиком очень дружила потом моя Надя. Так они и жили вчетвером. Тихие, милые люди. Бабушка спала на кухне, отдав молодой семье небольшую комнату. Сколько я их помню, они стояли в вечной очереди на улучшение жилищных условий.

На нашем же втором этаже жил в однокомнатной квартире хороший интеллигентный парень, сын другого академика, который впоследствии стал очень известным кинокритиком. Он невзначай сыграл огромную роль в нашей жизни. Это он дал мне билеты в Иллюзион, где мы с Юрой впервые увидели друг друга. Кроме того, он подарил мне ещё одну любовь на всю жизнь — одолжил почитать детскую книжку «Хоббит, или путешествие туда и обратно» малоизвестного тогда в России писателя Джона Толкиена.

На седьмом этаже обитал наш будущий близкий друг (и по совместительству зубной врач). В жизни сложилось так, что и здесь, в Америке мы живём недалеко друг от друга.

Ещё выше, в такой же квартире, как наша, жила семья преподавательницы английского языка, я брала у неё уроки. Мне надо было быстро догнать английский для гораздо более сильной школы, в которую я попала с переездом на новую квартиру. Это была добрая армянская женщина. А её муж работал то ли в аппарате ЦК КПСС то ли ещё похуже. Насколько она была красива и приветлива, настолько он был нехорош собой и угрюм. Странная пара! Их две дочки учились в той же английской школе, что и я.

В общем, как у классика, компания была «простая и бесхитростная».

А вот прямо над нами, тоже в такой же квартире (дом был не роскошный, наша «трешка» была самая большая) обитал академик. Самый настоящий маститый академик — не в области какой-нибудь там истории КПСС или пролетарской философии, а учёный, притом известный. Он жил вдвоём с пожилой женой. Я не буду называть его фамилию. Детей у него не было, но, может быть, остались родственники или ученики. Академик был очень важный, осанистый, благородного вида. При встречах я всегда кланялась ему издалека и робко здоровалась. Он же или не отвечал или ограничивался еле заметным кивком.

А вот его жена подружилась с моей мамой.

Я потом много думала о природе этой дружбы. Было время, когда наша семья жила в общей квартире, у нас были на четверых две большие комнаты. В те годы я дружила с дочкой местного дворника. Это не штамп, это правда. Подружка была замечательная, верная, весёлая, изобретательная. И ещё она показала мне мир, который был мне совершенно незнаком. Мне почему-то нравилось делать с ней уроки в их единственной комнате, где на другом краю стола её мама гладила бельё, под столом играл маленький братишка, а за ширмой на раскладушке всегда спала бабушка. Соседей там было семей двадцать, так называемая коридорная система.

Так вот, социальная дистанция между женой академика и женой профессора была примерно такая же как между дочкой профессора и дочкой дворника. Помимо того, что ей, конечно, нравилась моя чудесная мама — ей, наверное, тоже было интересно заглянуть в мир работающей женщины с двумя детьми, где продукты приходилось покупать в обычных магазинах, ездить на городском транспорте, а домработница приходила только раз в неделю.

Среди необычных происшествий, которыми была отмечена жизнь нашей семьи, та, с академиком занимает особое место.

Мы тогда были в гуще одной шумной диссидентской истории. И наша квартира стояла на прослушке. Ну, то есть то, что слушали телефон, было само собой разумеющееся. Как тогда говорили: «Товарищ майор, вы уже включили магнитофон? Можно нам разговор начинать?»

Но нас слушали не по-детски. Нас слушали везде — во всех комнатах, в кухне, в спальне. Даже, по-моему, в ванной. Когда мы это сообразили, то перестали разговаривать дома о важном. Это было очень неудобно. Мы думали, что прослушку поставили прямо в нашей квартире, пока никого не было дома. Наше расписание тоже не было для них секретом. Однако мы ошибались. Оказалось, что академика в его институте вызвали в соответствующий отдел и предложили оказать содействие. По какой-то технической причине прослушку удобнее было ставить из его квартиры. КГБшники вежливо попросили разрешения на установление прослушивающего оборудования через квартиру академика. Вы, конечно, думаете, что академик с гневом отказался? Не пожелал участвовать в таком грязном деле? Или на худой конец просто отказался без объяснения причин? Ему бы ничего не сделали. Не отобрали бы ни ранга, ни зарплаты.

Но он ответил: «Конечно, товарищи, раз надо — делайте». Об этом рассказала маме её подружка, жена академика. «И мой дурак согласился!» — вот были её слова, и они делают ей честь.

Много лет спустя, когда брат Алик занимался исследованием истории семьи, он вышел на контакт с бывшим КГБшником, нынешним политическим беженцем, который утверждал, что именно он курировал в КГБ дело моего папы. Этот человек среди прочей интересной информации подтвердил, что прослушка велась из квартиры академика и с его согласия.

Вот такая с нами случилась история. И, конечно, вызвала у меня всякие вопросы, на которые я потом много лет пыталась найти ответ.

Почему тлетворная идеология действовала на нашего соседа, но не действовала, допустим, на академика Сахарова?

Почему в мире той же идеологии один становился стукачом, а другой правозащитником? И почему вторых всегда на порядки меньше, чем первых? Может, есть какой-то неизвестный нам ген этичности или, например, устойчивости к промывке мозгов? Я возвращалась к этому вопросу много раз, но ответа для себя так и не нашла.

Просто каким-то чудесным образом в любых условиях являются в наш мир праведники, мыслители и герои. И лучше Некрасова все равно не сформулировать:

«Природа-мать! когда б таких людей
Ты иногда не посылала миру,
Заглохла б нива жизни...»

Мышка пробежала, хвостиком махнула...

К нам приехала погостить наша дочь Надя. Мы не виделись больше года из-за эпидемии коронавируса. Надечка уже давно живёт в Сан-Франциско. Там ребёнок занимается разработкой электронных игр. В нормальные времена она приезжала к нам раза два в год. На нашем — восточном — побережье часто бывали конвенции и конференции, которые она посещала, обычно в Нью-Йорке, и Надя обязательно заскакивала к нам на два-три дня. Но бывало, что задерживалась и на неделю. А в этот раз приехала прицельно к нам — «потому, что соскучилась»!!! И пробыла с нами аж две недели. Разумеется, при этом продолжая работать — как нынче говорят, на удалёнке. Многие теперь знают, работа на удалёнке получается интенсивной и ненормированной. К тому же Надя любит свою работу.

Но всё равно приезд получился не таким, какими были другие. Обычно дело обстояло следующим образом — утром я ухожу на работу, а Надя ещё спит. Если я вернусь с работы не поздно — часов в шесть — Надя ещё работает (не забывайте про три часа разницы во времени). А если приду попозже, часов в семь-восемь — она, может, уже и не работает, зато я практически без сознания после десяти-плюс часов рабочего дня. В субботу я восстанавливаюсь — на общение только вечер да воскресенье.

В этот раз все по-другому. Я встаю раньше Нади, но никуда не ухожу. Готовлю завтрак и кормлю ребёнка. И неважно, что дитя на четвёртом десятке. Мне почему-то ужасно нравится её кормить. А вечером мы ужинаем все вместе, втроём. Надя ест и нахваливает. Я думаю, что многие мамы совершенно взрослых, самостоятельных, состоявшихся детей меня поймут — это такое счастье! После ужина мы обычно разговариваем о высоком. Иногда Надя просвещает нас в сложных процессах современной виртуальной реальности и связанного с этим бизнеса. Но чаще она просит рассказать какие-нибудь семейные истории. В отличие от большинства людей моего поколения, которые теперь горько жалеют, что не расспрашивали родителей и дедок-бабок подробно, Надя относится к этому процессу очень серьезно. Она приносит свою Тетрадку. Именно Тетрадку, а не тетрадку. В ней Надя записывает важные вещи — новые рабочие озарения, важные детали взаимоотношений с подчиненными, приоритетные задачи. Туда же попадают детали семейной истории. Вечером мы сидим в обнимку на диване и смотрим что-нибудь интересное. Надины вкусы частично совпадают с моими, а частично с папиными и поэтому мы всегда находим то, что нравится всем.

Как-то вечером я пожаловалась семейству на волокиту с оформлением деталей нашего новой медицинской страховки *Medicare*. В частности, мне надо было получить право заниматься Юриными лекарствами. В нашей семье именно я занимаюсь вопросами здоровья и медстраховки.

— Представляете, — сказала я, — им этот документ надо обязательно послать по почте или через классический факс. Своего мейла они не дают.

Надечка посмотрела на меня удивлённо:

— А в чем проблема?

— Раньше я отправляла факсы с работы, а дома у нас факс-машины нет.

Надечка посмотрела на нас с папой с сочувствием

— Пусть папа скачает на телефон «Эпп», какой-нибудь iFax — она так и сказала, «эпп», хотя русский у неё прекрасный. Потом сфотографирует эту форму и пошлёт её куда надо.

— Но будет же криво, косо, нечётко — пролепетала потрясённая мама.

Будет чётко — успокоила Надя. — К тому же и у вас, и у них есть функция выпрямления картинки. Мы, миллениалы, не любим факс-машины. И, взмахнув локоном, унеслась наверх создавать свою гениальную игру, оставив онемевших родителей за столом.

— Вот так, Юра. Они не любят факс-машины. — Я знала, что муж подумал о том же, что и я — как трудно было отправить копию документа во времена нашей молодости в Москве.

Вообще-то я считаю нас с мужем достаточно компьютерно-грамотными бэби-бумерами, особенно, конечно, его. Он постоянно чему-то учится, скачивает какие-то новые приложения и практически все может сделать, не выходя из дома. Мне же поневоле пришлось в своё время освоить три совершенно разные медицинские программы, в соответствии с тремя моими разными местами работ. Как говорят у нас: *A lot of pain and suffering*.

Но кто может сравниться с миллениалами? Разве что *Z-generation*, или как их нынче называют *Zoomers*, зуммеры.

Мне захотелось узнать что-нибудь новое про Надю. Я начала копаться в Интернете.

Вообще вся эта теория поколений оказалась и интересной, и запутанной. Все гораздо многомерней и сложней моего первоначально упрощённого представления о бэби-бумерах и поколениях X, Y и Z.

В конце восьмидесятых годов в Вашингтоне выпускник Йельского университета Нейл Хоув (*Neil Howe*) встретился с выпускником Гарварда Вильямом Штраусом. Оба эти весьма незаурядных человека и раньше изучали социологию, но впервые сформулировали свою теорию в 1991 году, в совместной книге «Поколения» (*Generations*). Там они интерпретируют историю США как серию биографий разных поколений с конца 16 века до наших дней.

После первой книги Хоув и Штраус опубликовали ещё несколько совместных работ, а в 2000 году вышла их книга «Восхождение поколения Миллениума: следующее Великое поколение» (Millennials Rising: The Next *Great Generation)*.

Я не собираюсь здесь анализировать теории Штрауса и Хоува. Это делают их страстные поклонники и их рьяные противники. Да и знаний не хватает. И тут же другие теории поколений, да в других странах, начинают вплетаться, а это уже совсем невозможно. Это к социологам.

Мне же интересно, почему они не любят факс-машины и вообще кто они такие.

Вернемся к миллениалам. Так как я вырастила одного такого американского, то речь пойдет именно о них. Хотя многое можно экстраполировать и на другие социумы.

Хоув и Штраус определили их как когорту, родившуюся с 1982 года по 2004 год. В то же время Исследовательский центр Пью в Вашингтоне, который предоставляет информацию о социальных проблемах, общественном мнении и демографических тенденциях, формирующихся в США и мире, ограничивает верхнюю планку 1996 годом и утверждает, что в 1997 году пришло новое поколение.

Миллениалов сейчас в США примерно 72 миллиона. Как их только не называют! *Generation Y* или *Gen Y*, потому, что они следуют за поколением X, поколение Питера Пэна за затянувшееся детство и нежелание взрослеть, поколением «Я» за эгоцентризм, *Digital Natives*, по понятным причинам.

У бэби-бумеров впервые появились в домах телевизоры, поколение X первым начало использовать компьютеры, но миллениалы буквально выросли вместе с ними. С юных лет они пользуются мобильными телефонами (а у меня первый появился в 45 лет!) и различными девайсами. Это первое поколение, которое выросло с интернетом, вернее, в интернете.

Их юность пришлась на времена стремительной технологической эволюции, но также и на времена мирового экономического кризиса и нестабильной политической ситуации.

Экономический крах 2008, безработица, огромные долги за обучение в колледже без сомнения явились поколениеобразующими процессами. Миллениалы в массе очень осторожны в обращении с деньгами и не спешат обзаводиться собственностью и заводить семью.

Но самым главным многие социологи считают

тот факт, что личностное формирование миллениалов произошло под влиянием трагедии 11 Сентября 2001 года. В этот день большинство из них были в школе и могли, с поправкой на возраст, оценить масштаб трагедии. Влияние 11 Сентября для миллениалов сравнимо с влиянием Перл-Харбора на их дедушек и бабушек. Оба события разрушили для соответствующих поколений ощущение безопасности — война пришла на американскую землю.

Не буду сейчас вдаваться в другие подробности о миллениалах. Интересующимся наукой о поколениях рекомендую посетить сайт Исследовательского центра Пью (Pew Research Center). Там вы узнаете немало интересного и о миллениалах, и идущих за ними зуммерах, и таинственных Альфа, родившихся после 2010 или 2012 года.

Вернемся к Наде. И бумеры, и поколение X и M (разумеется, русскоязычные) помнят сказку про деда, бабу и курочку Рябу. История, с которой я начала байку — это ее современный вариант. Дед и баба, разумеется, — бэби-бумеры, а золотое яичко — современные компьютерные чудеса. Надя — мышка с хвостиком. Конец можете додумать сами. В моем, например, окончании добрая курочка Ряба приносит нам не золотое, а аж бриллиантовое яичко, а мышка Надя учит нас с ним обращаться.

Востряковская байка

В незапамятные времена в некотором царстве, в некотором государстве жила-была молодая и очень счастливая семья. Мама, папа и две маленькие дочки. Только не подумайте, что я собираюсь вам рассказывать про президента Обаму. Речь пойдёт о нас. Незапамятные времена — начало восьмидесятых прошлого века, а царство-государство — СССР. Как и многим молодым семьям в Москве, жить им — то есть нам — было негде. Отдельное жильё нельзя было ни купить, ни добыть, ни наколдовать никаким способом.

Именно в этот момент к молодой маме семейства — то есть ко мне — пришло окончательное четкое осознание того, насколько я этой стране не нужна. До этого я была сосредоточена на том, что эта страна не нужна мне, и я не хочу отдать ей свои способности, силы и здоровье, как это сделали мои родители.

Проблему с жильем надо было как-то решать. И тогда Юра предложил необычный план: пережить зиму на даче.

Здесь мне придется отвлечься и рассказать о нашей даче.

Во времена революции, когда евреи покидали черту оседлости — кто строить национальную родину, кто за лучшей жизнью в Америку — мои идеалистичные дедушка с бабушкой отправились в Москву поднимать образование. Дед был учителем физики и математики, а бабушка — преподавателем гуманитарных предметов и по совместительству логопедом. Году примерно в 1932 у них на работе (а они работали в одной школе) образовался дачный кооператив. Семейная легенда гласила, что это был какой-то проект в Министерстве образования. С огромным трудом они наскребли деньги на первый взнос, продав все, что было можно, и заняв у всех сколько кто мог дать. Так они стали счастливыми обладателями 12 соток земли, по тем временам у черта на рогах — аж в Востряково. Тогда там даже не останавливалась электричка, а граница Москвы была в невероятной дали. Дед всю жизнь строил эту дачу, на ней жил мой папа, выросли мы с братом и мои дети.

К моменту, о котором я рассказываю, поселок притулился возле кольцевой дороги, а от Киевского вокзала было всего четыре остановки на электричке. Дачка была летняя — несколько комнат с двумя террасами, дровяная печка, кухня на улице, керогаз и керосинки, туалет у забора, вода в колодце на углу улицы. Позднее вместо колодца установили колонку, а на участок провели летний водопровод. И чудесный сад — вишни, яблони, крыжовник, малина. Озеро, лес, грибы — в общем, подмосковный рай.

Летом в поселке жили потомки тех самых учителей, разбавленные разными другими людьми. А зимой там никто не жил. За железной дорогой построили завод, там был рабочий поселок, школа-семилетка, два продуктовых магазина, баня. Совсем другой мир.

У деда-учителя было двое детей — мой папа и его младшая сестра, моя тетя, и четыре внука — мы с братом и двоюродные брат и сестра.

Во времена моего детства на даче летом проживали девять, десять человек одновременно. Но к моменту этого рассказа и мой брат, и вся семья тети уже жили в Америке. А папа с мамой и моя семья сидели в отказе.

Именно на этой даче Юра и предложил нам провести следующую зиму.

— Ты все еще будешь в декретном отпуске, а Катя еще не будет ходить в школу. Я утеплю дачу и нам там будет хорошо — сказал Юра.

Идея была воистину революционная. Но других вариантов не было, и я согласилась.

Не думаю, что я полностью отдавала себе отчет в том, на что я иду. Мне кажется, что и Юра не полностью сознавал что нам предстоит. Но готовился он основательно. Он провел на дачу газ, установил газовую плиту, отопительный котел и повесил батарей столько, что теперь каждая щель казалась благом. Наш план остаться на даче на зиму мы до поры до времени хранили в тайне.

Надя родилась в конце ноября прошлого года. В мае мы вчетвером переехали на дачу и провели там прекрасное лето. В сентябре, когда дачники стали сниматься с мест, мама спросила меня, когда мы планируем перебираться в Москву.

— Мы решили перезимовать на даче, — ответила я как можно беспечней.

Здесь я опускаю несколько эмоциональных сцен. Как вы сами понимаете, дела семейные.

В конце сентября народ еще возвращался на дачи собирать поздние яблоки и заколачивать окна. К октябрю поселок совсем опустел.

Я знала только одну старушку, которая оставалась зимовать. Она была из крестьян и держала коз. Мы брали у нее молоко для девочек, пока дороги не завалило снегом. Она так и зимовала вместе с козами в одном доме. Да еще на самом краю поселка, за озером кто-то жил.

В начале ноября выпал снег и наш ковчег отплыл в своё путешествие.

Представьте себе засыпанный снегом безмолвный поселок. Расчищена от снега только одна главная магистраль, от станции до озера в конце посёлка. Связи с цивилизацией никакой. Я не могла добраться ни до телефона, ни до магазина, ни до какого-нибудь транспортного средства (машины у нас, разумеется, не было). Утром Юра уходил на работу, а наша девичья команда — семилетняя Катя, годовалая Надя и я оставались одни. И всего защиты — забор, хлипкая дверь и кот. И сугробы.

Зима в тот год выдалась снежная и морозная.

Итак, Юра уходил на работу, а мы принимались за дело. Именно тогда я генерировала свой классический термин «толкать процесс». Я готовила завтрак, кормила детей, иногда мы топили печку, потому что в самые холодные дни батарей для обогрева все-таки не хватало. Как сейчас вижу Катю в ее любимом желтеньком комбинезоне на печке с книжкой. В полдень я упаковывала Надю в спальный мешок, который лично смастерила из старого ватного одеяла, укутывала меховой шкурой и в любую погоду укладывала спать в коляске под яблоней. Это драгоценное время отводились на хозяйство. Катя рисовала или читала, при этом наблюдая за коляской из окна. Часа через полтора-два она звала меня: «Мама, иди, Надежда в коляске вздымается», — и я бежала ее вынимать.

Потом мы играли с Надей, слушали пластинки, я показывала девочкам диафильмы. Кстати, телевизора у нас тоже не было.

Юра обычно возвращался домой на семичасовой электричке. Мы слышали её стук и гудок, и минут через десять он, сияя, появлялся в дверях. Я бросалась освобождать его от сумок, которыми он был увешан — продукты, разумеется, привозились из Москвы — а девочки приветствовали его каждая по-своему. Надя стремилась на руки, а Катя, после первой серии поцелуев торопилась выложить все, что с нами произошло за день.

Бог хранил нас в ту зиму. Никто из нас не заболел, и никто чужой не вломился в нашу хрупкую дверь, чтобы обидеть беззащитную молодую женщину с двумя маленькими девочками.

Конечно, вся наша жизнь крутилась вокруг Надежды, ведь она была так мала! Возьмём хотя бы стирку.

Стирать на даче мы не могли, и отец семейства возил Надины пелёнки в прачечную самообслуживания в Москву. Пелёнки собирались за неделю и загружались в два чемодана. Однажды вечером Юру с этими чемоданами задержала милиция. У милиционеров были все основания для подозрений. Молодой бородатый мужчина выходит из безлюдного дачного посёлка с двумя чемоданами. Не иначе, как вскрыл какую-то дачу и поживился оставленными вещами. Такое в нашем посёлке зимой случалось часто.

— Эй, парень, — сказали милиционеры, — что это у тебя в чемоданах?

— Бельё, — честно ответил Юра, — везу в стирку.

Ему, разумеется, не поверили и приказали чемоданы открыть. Представляю себе лица милиционеров, когда они увидели — и главное, унюхали

Надины духовитые пелёнки! Самоотверженный отец был отпущен с миром и побежал на автобус. Пелёнки возвращались к нам чистые, тёплые и сложённые.

Именно в ту дачную зиму Кате исполнилось семь, а Наде год.

Кате мы устроили самый настоящий праздник. Мы позвали её подружек с родителями, сочинили спектакль, смастерили кукол. Театральный занавес был натянут в дверном проёме. Главным отрицательным героем был дракон. Я сама рисовала и склеивала его и можете мне поверить — он был очень страшный! На Катьке было звуковое сопровождение — она грохотала шахматами и звенела кастрюлями. Спектакль получился классный. Гости веселились, поедали простое угощение, изумлялись нашему необычному быту. Один наш друг сотворил четыре чудесных рисунка, где Катя была шахматной королевой, Надечка — амурчиком, я — совой, а Юра, разумеется, львом.

Надю в тот вечер впервые отпустили на свободу. Пустая комната была застелена байковыми одеялами (с пола дуло), и на одеяла выпущена тепло одетая Надя. Она ползала по комнате и хохотала от счастья. В общем, мы здорово погуляли. После этого мы с Юрой часов до трёх утра мыли посуду, и у меня на руках первый раз в жизни разыгралась экзема.

Новый 1984 год мы встретили на даче в кругу семьи и друга Вити — будущего писателя и журналиста Виктора Анатольевича Шендеровича. Тогда он был просто Витька, юный, прекрасный, никому неизвестный и неприлично талантливый. Пока я возилась с курицей, а Юра с Надей, Катя предложила Вите сыграть в города. Добрый Витя снисходительно согласился. Минут через десять, к его немалому изумлению, он был загнан в угол и вынужден сдаться. По-моему, он даже позже где-то об этом написал. А потом мы слушали его пародии и записывали их на свой допотопный магнитофон. Там же запечатлелся и мой хохот. Чудесная была ночь, Витя потом описал ее в своем стихотворении.

Были у нас и драматические моменты. Наш дом отапливался газом, а газовая труба шла по стене дома. Газопровод был проложен в самом конце лета, и в трубах собиралась влага. Юра как-то продемонстрировал мне, как прочищается эта труба, если там образовалась ледяная пробка. Я смотрела в полглаза и слушала в пол-уха, у меня были свои заботы. И вот в один не очень прекрасный день, когда я толкала свой процесс, в доме вдруг начала катастрофически падать температура. Она упала до 14 градусов. Отопительный котел погас, батареи остыли, а дом тепло не держал. Не стану описывать свои эмоции, но хорошо помню огромный разводной ключ, которым я развинчивала трубу. В обычной жизни я и разводной ключ — две вещи несовместные. Трубу следовало прочистить длинным металлическим прутом, что и было сделано. Когда из трубы зашуровал мощный поток газа, я вытащила прут и снова схватилась за ключ. Проблема была ликвидирована, и температура в доме пошла вверх.

В феврале у нас кончились дрова. Далеко за озером была брошенная вырубка, и в выходной день мы все вчетвером отправились по дрова. К озеру вела главная магистраль посёлка, она единственная была расчищена. Надя ехала в коляске, и с собой у нас были санки. Юра по очереди катал то меня, то Катьку. Было весело. На обратном пути на санках везли дрова. Потом, ближе к вечеру, их надо было напилить.

— Юра, — сказала я, когда у меня уже отваливались руки, — почему нам так тяжело живётся? Вопрос был риторический, но ответ оказался пророческим.

— Олечка, — сказал Юра, — возможно, тебе трудно в это поверить, но пройдет время, и ты будешь вспоминать этот год, как один из лучших в нашей жизни.

Он, как всегда, оказался прав.

В марте спали морозы, в апреле сошёл снег, а в мае расцвёл наш вишнёвый сад и земля покрылась золотым ковром одуванчиков. Начался следующий дачный сезон.

Что ещё можно добавить? На следующий год родителям удалось купить кооперативную квартиру, а мы остались в старой, на улице Вавилова.

Ковчег пристал к суше, и с него благополучно сошёл наш личный «Надежды маленький оркестрик под управлением любви».

Надя и её коты

В жизни много странного и необъяснимого.

Вот, например, моя младшая дочь Надя и её коты. Котов у Нади немерено. Это потому, что все коты, которые попадаются на жизненном пути — её. Она обладает для котов какой-то мистической притягательной силой и странной властью над ними. Коты в присутствии Нади впадают в транс, который я бы описала, как благоговейное оцепенение. Надя со своей стороны котам покровительствует, а иногда любит.

Впервые я заметила Надины странные взаимоотношения с котами, когда девочке было месяцев десять. Мы тогда жили на даче.

Дело было в конце лета, день был дождливый, и Надя сидела в доме, в манеже. Манеж был старого образца — большущий, с широкими просветами между деревянными вертикалями стенок, ватным одеялом, туго натянутым на деревянном же манежном полу. Много света, много воздуха и безопасно. Я возилась на кухне, прислушиваясь к доносящимся из манежа звукам. В основном это было умильные рулады Надиного языка, сопровождающиеся звоном и постукиванием игрушек. Иногда это перерастало в сердитое повизгивание, и тогда я шла проверять.

В один из таких заходов мне предстала следующая картина: Надя сидела в манеже, а напротив неё на полу сидел наш маленький шустрый котёнок Дымка. Надя протягивала ручку между прутьями манежа к котёнку и недовольно гукала. Вместо того, чтобы побыстрее убежать, Дымка сделал два маленьких шага вперёд и оказался в пределах Надиной досягаемости. Надя не спеша взяла котёнка за что попалось — а попалась спинка — подняла его на вытянутой руке и принялась внимательно рассматривать. Котёнку явно было неудобно, он висел в Надином захвате, как тряпочка. Но он не пищал и не вырывался. Он замер — как и я, наблюдавшая эту сцену с порога. Через некоторое время Надя опустила, именно опустила котёнка на пол и вернулась к своим игрушкам. А Дымка остался сидеть, где был и смотреть на Надю.

Вечером того дня я сказала Юре: «Наш Дымка какой-то малахольный, надо было удирать, а он к ней!»

Можно было бы ожидать, что котёнок на пушечный выстрел не подойдёт к манежу, но оказалось совсем не так. Впоследствии он проводил возле Нади много времени, а та периодически брала его за что придётся, поднимала и рассматривала.

Следующий необычный эпизод произошёл через несколько месяцев, поздней осенью. Мы продолжали жить на даче. В тот день Надя сидела на улице в кроватке. Стояла кроватка перед окном, и я наблюдала за дитятей из комнаты, где занималась складыванием детского белья. Надя была уже постарше, и в кроватке ей быстро становилось скучно. Катя же приболела, и я не пустила её на улицу развлекать сестрицу. Надя хныкала в кроватке, а у моих ног увивался подросший Дымка и требовал ласки.

— Отстань, кот, — сказала я в сердцах. — Мне некогда. Иди вот на улицу и развлеки Надю, отработай свою миску молока.

Я выпустила кота на улицу и вернулась к своему занятию. Некоторое время мои мысли были заняты исключительно бельём — в частности тем, хватит ли пелёнок до следующей стирки. Бросив взгляд за окно, я увидела, что кот сидит в кроватке напротив Нади на расстоянии котиной вытянутой лапы. Кот шлепает Надю лапой по щеке, а она смеётся и шлепает его ладошкой по морде в ответ. И так по очереди. Я рванулась на улицу, топча рассыпавшиеся по полу пелёнки. Кот дунул из кроватки, а Надя заревела. Я схватила её и начала лихорадочно осматривать. Ни одной царапины я не обнаружила.

После этого в голову мне пришла мысль, что дело все-таки не в коте.

Последующая жизнь это многократно подтвердила. Через несколько лет у нас был уже другой кот — сиамский. На даче кот, как водится, ходил гулять и дрался с другими котами из-за кошек. Однажды он не вернулся. Мы в восемь пар глаз (наша семья и друзья, жившие тогда с нами) искали кота несколько часов, в доме и в саду. Переворачивали каждую коробку, заглядывали под каждый куст, проверяли все его любимые лёжки. В конце концов мы сдались и бросили искать. Решили, что кот пал в неравном бою за пределами нашей поисковой досягаемости. Продолжала упорно искать одна Надя, самая младшая из четверых детей. Ей было около пяти. Она упорно заглядывала во все места, которые мы уже проверили — в корзинки с бельём, под кровати, в тумбочки. В тумбочки? Да! В какой-то момент на нижней полке тумбочки в прихожей, под грудой сваленных сандалий и тапок Надя нашла израненного кота. Он приполз домой и зарылся под грудой обуви у задней стенки тумбочки чтобы умереть. Найти его там было невозможно. Кот был извлечён из укрытия и исцелён при помощи антибиотиков, антисептиков и кормления из пипетки. Он полностью поправился.

Я тогда спросила Надю, как она догадалась, где кот.

— Я не догадалась, — ответила Надя, — я просто знала, что он точно в доме и я его найду.

Больше я ничего не спрашивала.

Вскоре по приезде в Америку мы взяли из приюта котёнка, который вырос в роскошного кота

Васю. Отличный был кот — пушистый, красивый и с большим чувством собственного достоинства. Он любил лежать у Юры на шее — эдаким воротником, но других фамильярностей не допускал. К Наде, разумеется, это не относилось. Она брала кота, крепко прижимала к себе, потом твёрдо смотрела ему в глаза и говорила: *«Resistance is futile. Mewing is irrelevant. You will be assimilated»* (Сопротивление бесполезно. Мяуканье не поможет. Ты будешь ассимилирован). Хотя кот при этом и не думал мяукать, а просто пребывал в ступоре.

Мы с Катей покатывались от смеха. Мы тогда все увлекались сериалом *Star Trek* и понимали, что Надечка цитирует Борга *(The Borg)*. Это страшный кибернетически-биологический организм, который функционирует как улей пчёл и поглощает собой (ассимилирует) всех подряд.

Но попробовали бы мы ухватить так нашего Васю! Мало бы не показалось.

Случаев было много, обо всех не расскажешь. Но нельзя закончить рассказ о Наде и её котах, не упомянув о её последнем на сегодняшний день коте.

Несколько лет назад, взрослая уже Надя обрела друга. Здесь это называется бойфренд (но рассказ не по нему). У него был кот. К моменту появления Нади кот был уже не молод и не очень здоров. Надин друг любил своего кота, носил его к ветеринару, давал ему лекарства. Потом выяснилось, что у кота была глаукома, не самое частое заболевание у кошек, и был он вследствие этого одноглаз.

Они стали жить втроём и все любили друг друга. Надя и её друг заботились о коте, возили его с собой в путешествия (у него даже паспорт был). Потом, как это часто случается, Надя и её друг разбежались. Кот, разумеется, остался у своего старого хозяина. Надя, переживала утрату бойфренда и кота одинаково сильно. И в этом нет ничего уничижительного для бойфренда. Кот тоже очень переживал. И тогда любящие люди (язык не поворачивается сказать владельцы, хозяева) составили расписание, чтобы Надя могла посещать кота в доме бывшего бойфренда и проводить с ним (с котом) время полноценно и качественно. Когда кот скончался, прожив долгую и счастливую котиную жизнь, Надя очень горевала.

Я уверена, что в Надиной жизни будут другие коты и другие бойфренды.

Я со своей стороны продолжаю изучать мистические и мифические истории про котов и их владычиц. Компания получается пестрая и затейливая. Здесь и скандинавская Фрея, богиня красоты, любви, секса и плодовитости, золота и много чего другого. Её возит по небу колесница, влекомая двумя гигантскими котами. И таинственная индийская Шахти, покровительница и защитница детей, растений и опять же репродуктивной функции. Она прибывает помогать женщинам в родах верхом на огромном коте. И таинственная чёрная нуменорская королева Бирутиэль, владычица девяти чёрных и одной белой кошки. Но больше всего мне нравится египетская Бастет, богиня домашнего уклада, женских секретов и разумеется, фертильности и деторождения. Она задумчивая сидящая кошка или кошка с выводком котят, или грациозная юная женщина с кошачьей головой. Но бойтесь её в другой ипостаси, ведь она может превратиться в грозную Сохмет, богиню-воительницу с головой льва.

Было бы здорово посмотреть на женщин, породивших эти легенды.

Красные башмачки

Когда Герда отправилась искать Кая, она надела свои любимые красные башмачки. Потом она отдала своё сокровище речке — надеялась, что они приведут её к Каю. Но речка не знала где Кай, и не захотела принять подарок девочки. Так и плыли они перед лодкой. Этот образ — красные башмачки, плывущие перед лодкой, — навсегда врезался в мое детское воображение. Так начался мой пожизненный роман с красной обувью. Многие, многие годы этот роман был платоническим. Да и где бы мне можно было добыть красные туфли в Москве времён моей юности и молодости? Мы дети дефицита. Сёстры по дефициту поймут меня очень хорошо.

Я одевалась и обувалась в то, что было доступно в советских магазинах. Родители — даром что папа был профессор, а мама глазной врач — не умели «устраиваться». Шить и вязать в семье тоже не умели. У мамы, правда, была пациентка-продавщица в бакалейном отделе ближайшего продуктового магазина, так что чаем с голубым слоном мы были обеспечены. Но этим торговые блаты родителей ограничивались. В моей престижной английской школе номер четыре половина родителей работала за границей, и разница в одежде была очень заметна.

А вот в медицинском институте стало полегче. На нашем педиатрическом факультете было много иногородних, да и москвичи одевались достаточно скромно.

Со временем моего папу потихоньку стали выпускать за границу на научные конференции — то в Польшу, то в Чехословакию, то в Венгрию, а потом даже и в Англию. Скудную валюту он тратил на подарки семье. Так у меня появились первые красивые вещи. Я их любила, берегла и носила помногу лет. Каждую я помню до сих пор.

А вот с обувью было хуже. У меня оказались какие-то нестандартные угловатые пятки, и они совсем не совпадали не только с параметрами советского ГОСТА, но и с задниками импортной обуви. Однажды папа специально привёз из командировки валюту и пошёл со мной в магазин Берёзка. Для молодого поколения — были у нас такие магазины, куда обычным гражданам не было доступа. Для пояснения откройте главу 28 в романе Булгакова Мастер и Маргарита (правда, в булгаковское время такие магазины назывались Торгсин — торговля с иностранцами).

В «Берёзке» я перемерила десяток пар, и в результате мы купили коричневые итальянские босоножки на каблуке и с открытой пяткой. Кризис был ликвидирован. Так я и жила, перелезая из сапог в босоножки с открытой пяткой.

Но однажды утром я проснулась и увидела на своей прикроватной тумбочке красные туфли. Это было так же невозможно, как обнаружить на этой же тумбочке красные башмачки Герды, хрустальные туфельки Золушки или крылатые сандалии Гермеса. Я схватила туфли, прижала их к груди и накрылась с головой, чтобы досмотреть этот волшебный сон.

Но это был не сон. Волшебство сотворил мой старший брат Алик, где-то добывший «чековые сертификаты» и купивший мне в той же Берёзке это чудо. Я думаю, что не обошлось без вмешательства высшей силы — мои угловатые пятки вписались в высокие мягкие задники туфель как улитка в ракушку. К тому же я никогда не озвучивала вслух неосуществимую мечту о красных туфлях. Дальше практичных чёрных или коричневых, «которые ко всему подходят» мои мечты не простирались.

О! что это были за туфли! западногерманской фирмы Саламандра, на невысокой — в сантиметр — платформе, с умеренным и очень устойчивым каблуком. Они блестели и пахли хорошей кожей, а цвет... Цвет был не алый, а какой-то бордовый с переливом. В общем, невозможно описать словами.

Ну что вам дальше сказать? Я прошла в этих туфлях медицинский институт и ординатуру и родила двоих детей. Мы с ними бывали и в театрах, и на приемах в ОВИРе, и на проводах брата Алика, когда тот уезжал в Израиль. Мы прожили вместе целую жизнь. Они были созданы для меня а я — для них.

Были потом, во второй половине жизни, и красные босоножки, и туфли, и ботинки, и сапоги, и я их любила — как удобную и красивую обувь. Но им было недосягаемо далеко до мечты, спустившейся в то прекрасное утро на мою тумбочку.

Недавно мы беседовали с одним моим мудрым и очень образованным другом о высоком, и он напомнил мне мысль Монтеня о том, что важны не сами явления и события, а лишь то, как мы к ним относимся.

Наверное, это точнее всего описывает мои взаимоотношения с первыми в жизни красными туфлями.

Говорит немецкая волна из Кёльна, или дети отказа

Когда Кате было года полтора, я ушла от её отца и вернулась с ней в трёхкомнатную квартиру родителей. Там нам выделили уютную комнату. С одной стороны была спальня мамы, а с другой — папин кабинет, она же его спальня, она же библиотека, она же гостиная. Я ощущала себя спокойной и удовлетворённой в тот год. Все мои любимые люди — мама, папа и Катя — были со мной. Юру я тогда ещё не встретила, и Надя, соответственно, не родилась. А брат Алик был в недосягаемости для Софьи Васильевны (так мы именовали советскую власть) — в безопасности за границей. Мы собирали документы для подачи в ОВИР на выезд в Израиль. Я попыталась было отдать Катю в ясли, но она так часто болела, что пришлось от этой идеи отказаться и досиживать с ней дома до двух с половиной. К трем годам она пошла в сад, а я вышла на работу.

По ночам папа ловил и слушал вражеские голоса — «Голос Америки», «Голос Израиля», «Би-Би-Си», радиостанцию «Свобода». Их немилосердно глушили. Иногда вечером удавалось поймать «Немецкую волну», это тоже была хорошая передача.

Надо сказать, что Катя с детства отличалась исключительно хорошей памятью и способностью к языкам. К трём годам она знала наизусть массу сказок и стихов — и русских, и английских. В то время я сама учила её английскому.

В саду Катю любили. Она была послушной и тихой, и с ней можно было нормально разговаривать. Воспитательницы использовали Катькины способности в своих целях — поручали ей рассказывать другим детям стихи и сказки, а сами шли пить чай.

Однажды я пришла забирать Катю из сада, и воспитательница попросила меня задержаться. Я как раз успела натянуть на Катю свитер и рейтузы, а комбинезон с варежками, шапка, шарф, носки и валенки были наготове. Я выпустила Катьку в игральную комнату и пошла за воспитательницей.

— Садитесь, — сказала воспитательница. Я села, предчувствуя нехорошее.

— Катя сегодня, — тут она извлекла из кармана сложенную половинку тетрадного листа, — сказала в группе, — тут она развернула листок, — «Говорит немецкая волна из Кёльна» — три раза!

Тут у меня похолодело внутри. Шёл конец семидесятых, и мы уже были в «чёрном списке». Живое воображение быстро нарисовало Катьку, стоящую на стуле перед группой детей и звонко возглашающую: «Говорит Немецкая волна из Кёльна, говорит Немецкая волна из Кёльна, говорит Немецкая волна из Кёльна». Это были позывные передачи. После этого у нас дома обычно все замолкали и начинали напряжённо прислушиваться, и умная Катя решила использовать этот приём, чтобы быстро утихомирить своих слушателей.

А умная Катина мама быстро представила, что за этим должно последовать — вызов в РОНО (районный отдел народного образования), товарищеский суд и разные другие неприятности. Все это, и больше того, было потом, в разгар борьбы за выезд, но тогда я об этом ещё не знала.

Я смотрела на воспитательницу, не зная, что ответить.

— Никто больше не слышал, а я никому не сказала. Катя хорошая девочка. Пожалуйста, объясните ей, что есть вещи, которые нигде нельзя повторять. — С этими словами она сунула в мою вспотевшую ладонь смятый листок.

К сожалению, я не помню имя этой женщины, но помню, как она выглядела — пожилая, седая и сухощавая. Она всю жизнь проработала воспитательницей в детских садах. Может, она была верующей, а может, врожденные моральные качества сделали её такой. Её уже нет в живых, а я буду помнить её с благодарностью всю жизнь.

Были и другие. Заведующая моей поликлиникой доктор Ирина Борисовна Синицына. К ней приходили по поводу меня из КГБ. Мы тогда уже сидели в отказе. На вежливое предложение обратить внимание на политические настроения врача Гольдфарб она отрезала, что доктор собрания не посещает, о политике не разговаривает, а найти другого детского невропатолога такой квалификации в районную поликлинику невозможно. Так что она товарищам помочь не может. В моей работе ничего не изменилось, и я проработала в своём Киевском районе Москвы все одиннадцать лет отказа.

А сейчас вернёмся к Кате. Я честно не помню, как я объяснила Кате проблему, но именно тогда ребёнок, ещё не достигший четырёх, прошёл инициацию и вступил в сообщество, которое я условно именовала «дети отказа».

Кроме очевидных проблем, членство в этом сообществе имело и положительные стороны. Нам потоком шли детские книжки и образовательные материалы на русском, английском и иврите. Культурные московские отказники, многие из которых сидели без работы, организовывали кружки, вечерние и воскресные школы и разные образовательные детские группы. Принимались все желающие, и разумеется, бесплатно. Вопрос денег просто не приходил никому в голову.

Время шло, и в восьмидесятых таких групп становилось всё больше.

Мы с подругой Аней Гольдштейн тоже вели

такую группу для детей лет восьми и выше — по еврейской истории. Мы занимались в помещении ЖЭКа (ЖЭК — жилищно-эксплуатационная контора). Эту возможность нам предоставила заведующая культурной работой при этой конторе Юрата, личность сама по себе необыкновенная, для многих — пример человеческой чистоты и цельности.

Официально мы были зарегистрированы как кружок «Умелые руки». Каждый ученик приносил с собой мешочек или коробочку с нитками-иголками, ножницами, пуговками, клеем и картонками, лоскутками и разной другой мишурой. Все это вываливалось на столы. А на стену прикрепляли карту Израиля или другие «учебные материалы», и мы с Аней по очереди рассказывали детям эпизоды из еврейской истории.

Все знали, что, если после начала занятия хлопнет входная дверь в помещение, учительница быстро свернет карту и начнёт ходить между рядами, а ученики станут щёлкать ножницами и намазывать клей на картонки. И никто не смеялся, не баловался и не опаздывал. Конечно, они ходили и в общеобразовательные школы — английские (или французские, как Катя), математические, музыкальные, обычные. А к нам они шли за тем, чему в других местах не учили. Интересно, помнит ли кто-нибудь из наших с Аней учеников эту школу.

Надя родилась прямо «в отказе», и её документы на выезд пришлось подавать отдельно.

Сами мы учились тоже — параллельно с детьми. В Москве тогда появились для этого замечательные возможности. Я ходила на курс знаменитого рабби Штайнзальца, а муж Юра стал участником и даже одним из учредителей ЕКА (Еврейской Культурной Ассоциации). Был такой, первый в стране официально зарегистрированный центр еврейской культуры. Наша жизнь была полна событий, хороших и всяких, и не всегда безопасных, и — к добру или к худу — наши дети росли среди них. После отъезда моих родителей в комоде всегда лежал свёрток с документами и пачкой денег. К нему было приложено письмо, гласившее, что мы доверяем заботу о своих детях Юрате — да, той самой. Катя знала, что если вдруг с родителями «что-то случится», надо брать Надю, хватать свёрток и бежать к Юрате, благо она жила совсем рядом.

Но было много и прекрасного, и веселого. В 1986 году мы впервые попали на настоящий пасхальный Седер, который проводил легендарный Мика Членов — лидер еврейского культурного движения и один из первых учителей иврита в Москве. На следующий год мы встречали праздник Пасхи в американском посольстве, где его проводил Деннис Прагер — известнейший американский лектор, просветитель и общественный деятель. Приглашение нам принёс домой курьер посольства. Клянусь, на нём было написано: Господин Лев с супругой! Мы долго смеялись.

Потом мы стали устраивать Седер у себя дома и делаем это до сих пор.

Вместе с той же Аней Гольдштейн мы придумывали и разыгрывали пуримшпили — весёлые спектакли на праздник Пурим. Был у нас и кукольный спектакль, и игровой. Благо материала эпоха предоставляла много. И Катя, и Надя принимали в этом деятельное участие.

Однажды мы справляли с друзьями праздник Суккот. Этот праздник отмечается в нарядно украшенном шатре и посвящён, в частности, воспоминаниям о скитании народа по пустыне. Мы насилу уговорили четырехлетнюю Надю не брать с собой нашего кота. За праздничным столом мы объясняли детям обычаи праздника, и тут вдумчивая Надя заявила:

— Я все поняла, это мы в наших предков играем!

С середины восьмидесятых стали выпускать отказников. В 1986 году уехали мои родители. Фантастическую историю их перелёта в США я расскажу когда-нибудь в другой раз. После этого нам пришлось изменить свои планы. Ехать надо было в Америку, где к тому времени собралась вся наша семья.

В 1990-м дождались своего разрешения и мы. Кате было тринадцать, а Наде семь.

Уже после получения долгожданного разрешения отправились как-то мы с Надей по всяким отъездным делам — как сейчас помню, на троллейбусе.

— Мама, — спросила Надя, — а что такое коренной москвич?

— Смотри, — принялась объяснять я, — вот бывает молочный зуб, он вырастет, немножко постоит и выпадает, а на его месте...

— Поняла, поняла, — радостно закричала на весь троллейбус сообразительная Надя. — Бывает коренной москвич, а бывает молочный! Вот я молочный москвич — я родилась в Москве, а скоро мы поедем жить в Америку к бабушке с дедушкой!

Вдохновлённая своим открытием Надечка выскочила в проход и прижав руки к бокам закачалась, изображая качающийся молочный зуб. Кто-то в троллейбусе засмеялся, а другие смотрели на нас неодобрительно. Но я уже не боялась.

Через несколько недель мы с Юрой и дети — уже не дети отказа, а просто молочные москвичи, — ехали в Шереметьево, чтобы сесть в самолёт и отправиться навстречу новой жизни.

Горшочек с маслом

— Вещи говорят, — любил повторять мой папа, особенно когда я, юная дурочка, посмеивалась над родительской привязанностью к некоторым их вещам. Хотелось бы попросить прощения, да не у кого. Теперь некоторые из тех вещичек живут у меня и продолжают разговаривать со мной о родителях и детстве. А другие вступили в беседу во время моей уже вполне взрослой жизни.

В далёком 1991 году мы проживали в городе Стэмфорд, штат Коннектикут. Я как раз начала работать няней, а Юра чертил на компьютере карты в маленькой картографической компании.

Денег нам не то, чтобы совсем не хватало, но приходилось здорово экономить. У нас не было обычая давать деньги детям на карманные расходы. Но они могли их заработать. Например, восьмилетняя Надя могла заработать доллар, прочитав нам вслух пару страниц книжки на русском языке или продекламировав стихотворение. С разговорным русским у неё все было в полном порядке, а вот читать по-русски дитя ленилось. Заучивать стихи наизусть в школе не задавали, что казалось нам большим промахом американской педагогики.

Когда у нее накапливалось шесть-семь долларов, Надя покупала себе игрушки, переводные картинки или фигурные шоколадки. Тратить заработанные деньги Надя (в сопровождении меня) отправлялась в магазин Кэлдор, в двадцати минутах ходьбы от нашего дома. Не буду отрицать, я и сама любила там погулять. Хороший был магазин, большой, весёлый и дешёвый. Иногда я тоже покупала там необходимые вещи — например, туалетную бумагу, лампочки или тетрадки для школы.

И вот в очередной выходной день мы с ней отправились в Кэлдор. Там Надя устремилась было в знакомый уже отдел игрушек, но мне зачем-то надо было задержаться в хозяйственном. И тут я увидела её! Это была маленькая беленькая эмалированная кастрюлька объёмом в один литр. Она была пузатенькой, с круглой крышкой, и тут же напомнила мне горшочек с маслом из сказки Шарля Перро. И была на ней нарисована в золотисто-коричневых тонах кухня моей мечты. Я застыла перед кастрюлькой, как заворожённая.

— Ну что ты, мама, — потянула за меня за руку Надежда, — пойдём, на что тут смотреть?

Я молча указала пальцем на кастрюльку.

— Хорошенькая, — сразу согласилась Надя. — Купи её.

Тут я напряглась. Я была ещё очень далеко от той жизненной стадии, когда могла бы покупать вещи только за то, что они мне очень понравились. Несколько кастрюль — свои старые — я привезла с собой из Москвы.

— Нет, Надюша, кастрюли у меня есть, — ответила я, и мы отправились в игрушечный отдел. Там я оставила Надю, а сама пошла за зубной пастой, которая у нас как раз подходила к концу, а потом, конечно, зацепилась за какие-то другие вещи. Минут через пятнадцать я решила проверить, как там Надя в её игрушечном отделе. Надю я встретила сразу. В руках она держала ту самую кастрюльку.

— Мама, — сказала Надя, — я хочу подарить тебе вот это.

На некоторое время я онемела. И это было очень хорошо, а то могла бы ляпнуть: «ну что ты, купи себе лучше игрушки», или того хуже: «да ладно, я сама за неё заплачу».

Ангел подхватил Надин порыв и унёс его на небо. А мне осталась маленькая белая кастрюлька. Каждый раз, когда я её достаю, она тихо шепчет мне, что на своём нелегком материнском пути я сделала что-то очень-очень хорошо.

Надина крутая

В моей дочери Наде нет ничего маминого. Только пол женский. Но и это тоже мимо. Ведь всем известно, что и пол зависит от папы: Y-хромосому даст — мальчик будет, а X-хромосомой одарит — девочка выйдет.

Когда мы с Юрой выбирали имя, мы решили: будет мальчик — назовем Андреем, в честь А. Д. Сахарова, а девочка пусть будет наша Надежда.

Вот она, моя девочка. Когда ей было три года, какая-то прохожая бабуля, умиленная ее ангельским видом, спросила:

— Девочка, как тебя зовут?

Девочка гордо промолчала. Бабуля, уверенная в своей педагогической состоятельности, попыталась дитя пристыдить:

— Такая большая девочка и не знает, как её зовут!

— Меня зовут Надя Лев, — сказала Надя и мы быстро ретировались — я испугалась, что дотошная старушка станет расспрашивать о других деталях биографии, и Надя их ей таки изложит, во всех подробностях.

В четыре года Надя сформулировала свое кредо: «Вы как хотите, а я как хочу», и последовательно проводила его в жизнь.

Невероятных историй с нашей Надей произошло немеряно. По сути, вся её жизнь состоит из невероятный историй. Надя обладает способностью выходить из критических ситуаций за пять минут до дедлайна и при этом не терять спокойствия. Вся в папу. Полная противоположность мне. Я обычно все важное делаю заранее и при этом ужасно волнуюсь.

Надино другое важное кредо, которое она сформулировала уже в Америке — «крутая вывезет!». Именно так, не кривая, а крутая! Надя, конечно, оговорилась, когда произнесла это, но мы сразу поняли, что она попала в точку.

И крутая таки вывозит! Вот пример из жизни.

В середине четвёртого (последнего) года Надиного колледжа я как бы невзначай спросила, есть ли у неё планы по устройству на работу. Надя училась в Филадельфии. В колледже она изучала журналистику, Multimedia и Communications, и другие непонятные мне вещи.

— Не волнуйся, мама, — отмахнулась Надя, — еще куча времени. Кто же ищет работу так рано?!

При этом нормальные студенты уже вовсю рассылали резюме, а у некоторых даже были интервью.

Мама, зная, что к Наде приставать нельзя, умолкла и терпела до конца апреля. Папа, зная дочку и чувствуя сильное сходство характеров, не приставал вообще.

Во время очередного Надиного заезда домой на предмет стирки белья мне удалось завладеть на минутку её вниманием.

— Надечка, взмолилась я, — уже конец апреля. Через месяц учеба заканчивается. У тебя уже есть резюме? И машину надо учиться водить.

— Ну что ты, мама, всё волнуешься, — недовольно сказала Надя. — Ну хочешь, я сделаю это для тебя прямо сейчас?

Надя плюхнулась на кровать и начинала стрекотать на своём ноутбуке, приборматывая: «Так, это мне не нравится, здесь надо уезжать из Филадельфии, а я пока не хочу, здесь объявление безграмотно составлено... А вот это, пожалуй, стоит попробовать». Она застрекотала еще быстрее и через пять минут захлопнула лэптоп.

— Всё. Резюме составила и отправила запрос в одну компанию. Остальное дошлю в понедельник. И на курсы вождения запишусь. А теперь пойдем кино смотреть. И мы отправились на диван.

Вечером в воскресенье я отвезла Надю с постиранным бельём на пригородную электричку (мы живем в 25 минутах езды от центра Филадельфии), а в понедельник она позвонила и сообщила, что интервью она получила, и оно состоится ровно через неделю, в следующий понедельник.

— А на вождение ты записалась? — быстро спросила я, развивая успех.

— На вождение я запишусь, когда мне будет ясно, где я буду работать, — сказала хладнокровная Надя. — Может, машина и не понадобится.

— Надечка, приезжай, купим тебе хороший костюм для интервью (состав Надиного гардероба мне был хорошо известен по стиркам, и ну совсем не подходил для интервью в серьезной компании).

— Не надо, мама, я все куплю в Филадельфии.

— Оставь ребенка в покое, — сказал муж, от которого она и унаследовала эти приводящие меня в трепет черты характера. — С ней все будет в порядке.

Я сжала зубы и оставила «ребенка» в покое. Как я и предполагала, в четверг вечером мне позвонила Надя.

— Знаешь, мама, я, пожалуй, приеду к тебе в субботу утром, и мы пойдем покупать костюм.

Я облегченно вздохнула. За два выходных дня мы, пожалуй, подыщем что-нибудь подходящее.

С утра в субботу Надя не приехала. Не приехала она и днем, и вечером. Она не забыла. Каждые два часа она звонила, «дико извинялась», говорила, что замоталась и вот-вот освободится. С чувством времени у нее тоже было как у папы.

Она, разумеется, не покупала костюм, а занималась своим интенсивным творческим процессом.

Поздно вечером я получила последний звонок.

Мамочка, прости, пожалуйста, я так закрутилась! Я приеду завтра рано утром, и мы с тобой все сделаем.

Надя приехала рано — к часу дня. Я это очень оценила, ведь встать ей пришлось не позже одиннадцати! Это было очень рано как для нее, так и для её папы.

Но магазины не работают по львиному расписанию — в воскресение они закрываются в 6 часов вечера.

Мы ринулись в один шикарный магазин, потом в другой. Мы набирали кучу костюмов; некоторые Надечка примеряла, на большинство бросала быстрый взгляд и все браковала. Надо сказать, что девочка она была очень тоненькая, и для своего размера достаточно длинненькая. И некоторые костюмы сидели на ней ну просто очень, очень классно. Но у Нади были другие критерии.

— Мама, ну что ты мне приносишь? Я же устраиваюсь на творческую работу!

Часов в пять мы снова переместились в другой магазин. С отчаяния я зашла в отдел подростков и ухватила там маленький черненький костюмчик в тонкую продольную бордовую полосочку.

Стоил он довольно дорого, но был на какой-то уценке. Надо ли говорить, что к тому моменту я на цену уже не смотрела.

Надя увидела костюмчик, осветилась лицом, тут же в него влезла и у меня перехватило дыхание: вот оно врожденное Львиное чувство вкуса в действии — ясно, требовательно и бескомпромиссно. И результат, как обычно, фантастический!

Надя полезла обратно в свои потрепанные джинсы, а я бросилась платить.

Чувства мои были уже настолько растрёпаны, что я спонтанно поделилась своим счастьем с продавщицей.

— Вот, дочке костюм на интервью купили.

Усталая продавщица дежурно улыбнулась.

— Очень красивый, — и провела биркой по сканеру. Кассовый аппарат защелкал — и продолжал щелкать, хотя ему уже давно было пора успокоиться. У продавщицы глаза буквально полезли на лоб.

Ой, наверное, этот костюм не продается, наверное, с ним что-то не так, наверное, у них сломалась касса и мы не сможем его забрать, наверное... — поскакали мои мысли по проторенной пессимистической дорожке.

Надя уже подошла и стояла рядом со мной.

— Ваш костюм уценен до 7 долларов и 50 центов. Он висит здесь уже два года. Его никто не брал! Он слишком строгий для подростка, а размер... — она посмотрела на Надю и замолчала.

Я ясно поняла, что она хотела сказать: с такими размерами надо в детский сад идти, а не на работу устраиваться. Или что-то в этом роде.

Мы вышли из магазина без двадцати минут шесть.

— Ну вот, мама, а ты волновалась! - сказала Надя Лев.

Надя прошла интервью, потом второе там же (уж не знаю, в чем она ходила на второе), потом позвонила нам и сказала, что она получила работу.

— И они хотят, чтобы я начала работать прямо сейчас, в мае, — сказала Надя.

— Но ты же еще институт не кончила и машину водить не умеешь — пролепетала полностью сраженная мама.

— Я им так и сказала, ответила Надя. — Они дали мне один месяц на получение прав, а мой диплом их не интересует. — И подумав, добавила:

— Их интересую я.

Это прозвучало слегка самодовольно, но в контексте ситуации абсолютно правдиво.

Добавлю, что это была молодая, активно развивающаяся компания. Вероятно, они разглядели в Наде то самое — настолько то самое, что решили не рисковать, а то её уведут какие-нибудь конкуренты. И стартовую зарплату по тем временам дали очень хорошую.

Надо было назначать экзамен по вождению. У нас с этим несложно — плати деньги и сдавай экзамен. Если знаешь правила и умеешь водить — получай права. Проблем на этом пути было три. Во-первых, дату экзамена должна была назначать сама Надя. Во-вторых, с первого раза вождение почти никто никогда не сдавал. И, наконец, Надя никогда в жизни не сидела за рулем. В Филадельфии работает городской транспорт, до родителей было удобно добираться на электричке, а в жизни столько интересного, что тратить время на ненужное вождение просто глупо!

На этом этапе я сдала процесс папе Льву. По выходным папа Лев нарезал с ней круги на пустых школьных автомобильных стоянках. Кроме того, Надя пошла на курсы вождения и начала ездить с инструктором. По поводу экзамена на получение водительских прав Надя заявила:

— Родительки (так она ласково нас называла), не волнуйтесь. У меня все под контролем. Значит, так: во вторник у меня последний экзамен в колледже. На четверг я назначу экзамен по вождению. В пятницу мы купим машину. А в понедельник я поеду на работу.

Тут запаниковал даже папа Лев. Я же была полностью уверена, что на каком-нибудь этапе этот план сорвется.

Я представляла себе, как целый месяц до следующего экзамена папа Лев с утра возит Надю Лев на работу. В этот месяц Надя, разумеется, живет у нас, а поднимать их обоих по утрам буду я. «Силы мои уже не те», и этот месяц я, разумеется, не переживу.

Как вы, наверно, уже догадались, Надя экзамен по вождению сдала с первого раза. Водила она не хуже и не лучше любого начинающего. Узнав эту невероятную новость, я некоторое время приходила в себя. Впрочем, когда я припомнила, какое обалдело-романтическое выражение возникало у мужчин от двадцати до пятидесяти лет, когда она проходила мимо, то перестала удивляться.

Но расслабляться было нельзя.

На следующий день, в пятницу папа Лев со знакомым дилером отправился на аукцион в Пенсильванию покупать ей машину.

Надо ли удивляться, что вечером того дня Надя уже была владелицей хоть и подержанного, но добротного автомобиля Ford Focus. Следующие два дня папа разучивал с ней дорогу от ее дома до работы. Дорога занимала около часа.

А в понедельник за рулем своей машины Надя отправилась на работу. Она проработала там два года. Потом Надю подхватила её крутая и унесла в Калифорнию, где у компании был филиал.

Нам и потом приходилось время от времени наблюдать, а иногда и принимать участие в Надиной крутой. Ощущение обычно напоминает свободное падение.

Дорога в американскую медицину

Когда мы приехали в Америку, мне было уже под сорок, и я решила, что моя врачебная карьера закончена. Мы были наслышаны об ужасах экзаменов и прохождения американской резидентуры, и мне совсем не хотелось этим заниматься. Две дочки нуждались во мне, мужу нужна была работа, никто из нас не умел водить машину — в общем нас ждали нормальные человеческие трудности адаптации в новой стране.

Я огляделась по сторонам, поговорила с людьми, сделала несколько звонков. Оказалось, что мой медицинский диплом пользуется здесь большим уважением и мне нужно только взять пару курсов по педагогике и можно идти преподавать биологию в школе. Английским — тоже благодаря мудрости и дальновидности папы — я владела свободно. Более того, все эти годы, начиная с первого курса мединститута, я готовила абитуриентов к вступительным экзаменам по биологии. Это было хорошим подспорьем к нищенской зарплате советского детского невропатолога.

Буду учить школьников биологии, получать человеческую американскую зарплату, а все субботы с воскресениями и каникулы — два месяца летом! — буду дома с семьей.

Этот план и был изложен семейству — мужу Юре и брату Алику, который жил в Америке уже давно.

Юра, озабоченный тем, чтобы мне, наконец, полегче жилось, сказал:

— Конечно, Олечка, если тебе так хочется, давай так и сделаем. У тебя врожденный учительский талант!

Но тут совершенно неожиданно выступил Алик.

Надо сказать, что я видела брата в разных ситуациях. Среди них были исключительно тяжелые, опасные и чрезвычайно ответственные. При этом Алик ничего не боялся, никогда не сердился и не повышал ни на кого голос. Но тут мой добрый умный и интеллигентный брат превратился в разъяренного носорога. Он буквально зарычал на меня:

— Ты что?! Какой учитель?! У тебя диплом врача! Здесь люди готовы жизнью рискнуть за такой шанс! Пойдешь сдавать экзамен!

И, успокоившись, добавил:

— Я уже заплатил за твои курсы подготовки. Ты еще нас всех будешь кормить.

Меня поразила не столько реакция Алика, сколько полная аналогия ситуации. Из далекого далека я услышала голос папы: «Олечка, тебе надо поступать в медицинский институт!»

От судьбы не убежишь. Я пошла на курсы, сдала экзамены и начала свою первую резидентуру.

Но это уже совсем другая история.

На дорогах

Удивительные случаи происходили со мной на дорогах в тот год, когда Катя воевала в Ираке.

Все началось, когда Катя по телефону сообщила мне, что ее часть перебрасывают из Германии в Ирак. Война шла уже три недели и мне казалось, что я к этому готова. Во всяком случае я считала, что снаружи не было видно, как меня плющит и корежит. Положив трубку, я продолжала заниматься запланированными делами, цепляясь за свою рутину, как за спасательный круг. Следующей по плану была химчистка.

Побросав вещи в машину, я выехала из дому по знакомому маршруту. По дороге я думала о Кате, а точнее, мысленно пыталась сформулировать что-то для нас с ней очень важное.

Ой, на кого это они все гудят и кричат? Да это они на меня все гудят и кричат! Я выехала на встречную полосу на шоссе, пропустив хорошо знакомый поворот. Я почему-то не волнуюсь и не пугаюсь, видно, эмоции полностью в другом месте. Подаю задом и втискиваюсь в какую-то маленькую боковую дорожку. Не понимаю, как я осталась жива и никого не убила.

Это было начало. В такие ситуации я больше не попадала, старалась следить за собой.

На бампере у меня была наклейка «Моя дочь служит в американской армии». Катя прислала нам с мужем по такой из армейского магазина. В тот год, когда почти из каждой машины торчал американский флажок, все хорошо понимали, что это значит.

Люди махали руками, улыбались, приветственно гудели. Это происходило почти каждый день! Помню, какой-то пожилой дядька в грузовичке вдруг зажестикулировал и заголосил так, что я подумала, что у меня отвалился багажник!

Я в испуге опустила стекло и услышала: «Спасибо вам за вашу дочь!»

А один раз у меня под дворником машины оказалась маленькая шоколадка. Поскольку тайных поклонников я не имела, то только моей бамперной наклейкой я могу объяснить это проявление спонтанного сочувствия или признательности.

Как-то я опаздывала на работу. Мой медбрат Джон уже послал мне сигнал на бипер. Сигнал означал, что больной ждет в комнате.

Да знаю я — в сердцах сказала я биперу, — и тут же его обнулила.

И решила сократить дорогу проскочив через двор синагоги. Это была плохая идея. Шла ханукальная неделя, и синагогу охраняли больше, чем обычно. Как только я выехала из двора, за мной воя и сверкая, как новогодние елки пристроились две полицейские машины. Мы все остановились на обочине, и полицейские приступили к допросу нарушительницы. Один допрашивает, другой созерцает.

— Вы почему проехали через двор синагоги?! Вы что, не заметили, что это частная собственность?!

— Прошу прощения, офицер, я получила срочный сигнал с работы, я врач. Решила срезать путь. (О том, что я просто опаздываю, я благоразумно умалчиваю)

Но полицейский тоже не лыком шит.

— Вот мы сейчас поедем с вами на вашу работу и узнаем, что у вас там за срочный сигнал.

Я живо представляю как я, под изумленными взглядами родителей своих пациентов, влетаю в клинику с двумя полицейскими на хвосте. Нет уж, спасибо.

— Знаете что, — говорю я, — давайте, наказывайте меня за нарушение, как положено.

Полицейский лезет в карман за квитанциями, обходит машину, чтобы записать номер и видит мою поблекшую наклейку.

У вас что, действительно дочь служит в армии? — спрашивает он недоверчиво. Наверное, думает, что я законченная врушка.

— Да! — говорю я немного громче чем надо. — В Ираке.

Тут неожиданно вступает второй полицейский,

который до этого просто молчал.

— Кто она? Тоже врач?

— Она юрист, JAG (judge advocate general). Так у нас называют армейских юристов. Этот термин штатской публике не очень знаком, если только ты не любитель одноименного сериала.

Второй полицейский просто поворачивается и уходит. Он уходит! И садится в свою машину. Первый пытается сохранить декорум и строго говорит: «Больше не нарушайте» — и тоже уходит к своей машине. Через секунду я стою на обочине совсем одна, переваривая случившееся, и повторяя про себя строку Мандельштама «Мы живем, под собою не чуя страны...»

Это определенно не про меня.

Из задумчивости меня выводит пронзительный писк бипера.

А потом Катя, отслужив свое, вернулась в Германию, а на ее место поехал другой юрист. Позже ее вообще перевели в Техас, можно сказать просто по соседству.

Моя наклейка стерлась, стала неразборчивой, а через некоторое время я попала в аварию, и мне пришлось купить новую машину.

2003 год ушел в прошлое. Среди многого другого он оставил мне это весьма уникальное ощущение — в тот год я жила, чуя под собой страну, и сильнее всего на дорогах.

По громкой связи

Две тысячи третий год. Моя дочь Катька воюет в Ираке.

Катька пошла в армию добровольцем после 11 сентября — совсем как ее восемнадцатилетняя бабушка, которая ушла добровольцем медсестрой с первого курса Медицинского института на Великую Отечественную.

Катька — военный юрист и следит за соблюдением законных прав американских солдат (а иногда и местного гражданского населения).

Для солдат она пишет завещания, оформляет отпуска, пробивает получение американского гражданства.

Для иракцев — следит за справедливой компенсацией за случайно подстреленного верблюда или разрушенную изгородь.

Звучит довольно мирно, но это совершенно не так.

Ее часть стоит в Багдадском аэропорту, и ей приходится постоянно летать на вертолетах на передовую — в Багдад и окрестности. В Ираке солдаты не ходят к юристу в офис.

Идет начало войны, и американские вертолеты сбивают почти каждый день.

У меня есть фотография — маленькая палатка посреди пустыни с надписью — Юридический офис. На фоне палатки стоит веселая Катька в полном боевом облачении и с автоматом на груди.

Ей там, возможно, весело! А каково тут мне?

Идет начало войны, и регулярной связи у нас нет.

Звонить нельзя, Скайп для солдат — дело далекого будущего, электронная почта не проходит.

Письма — вот как мы общаемся. Справедливости ради замечу, что письма идут быстро.

Я не могу спать и прихожу на работу раньше всех других врачей и даже медсестер. Я включаю в клинике свет, перебираю карты и думаю о письме, которое пришло позавчера. Катька пишет, что у нее все в порядке, а на днях она снова полетит в Багдад. В Ираке стоит страшная жара, и Катька со вкусом описывает, как они жарят яичницу — редкое лакомство в Ираке — прямо на раскаленных перилах балкона.

После меня обычно приходит мой медбрат Джон.

Он готовит карты, разводит больных по кабинетам и производит первичный осмотр — давление, вес, рост, температура.

— Доброе утро, доктор Гольдфарб! — Как дела? Как ваша дочь Катерина?

Мне нравится Джон.

Я работаю в этой больнице уже пять лет. Здесь все знают, что моя дочь воюет в Ираке. Я брала срочный отпуск, когда летала в Германию прощаться с ней перед отправкой в Ирак.

Сотрудники избегают разговаривать при мне на тему войны и за редкими исключениями ничего не спрашивают. Они отводят глаза, и иногда мне кажется, что им неуютно в моем присутствии, будто я серьезно больна. Жалко, а помочь нечем. Лучше уж держаться подальше — вдруг заразишься?

Мне это безразлично. Страх прочно поселился внутри после той поездки в Германию и ничье сочувствие этого не изменит.

Джон — то самое редкое исключение. В его глазах Катька герой, а я, стало быть — мать героя.

— Спасибо, Джон. Катерина в порядке. Я только что получила от нее письмо.

— Вот и хорошо, а то я сейчас слышал по радио, что опять наш вертолет в Багдаде сбили.

Я смотрю на Джона — наверное, у меня что-то с лицом, потому что в его глазах ужас.

В это время прямо с потолка — по громкоговорителю раздается:

— Доктор Гольдфарб, немедленно возьмите трубку, у вас важный личный звонок. Срочно возьмите трубку.

Я работаю в этой больнице уже пять лет. Меня никогда не вызывали по громкой связи.

Я поднимаю трубку, чтобы услышать о моем личном конце света.

В трубке голос Катьки.

— Мама, не волнуйся, это не мой вертолет сбили. Все, мне тут дали позвонить, мне надо бежать, пока.

Интересно, сколько может выдержать человек! Я не бьюсь головой о стол, не рыдаю, не прыгаю от счастья. Я кладу трубку и говорю Джону:

— Давай-ка первого больного. Что у нас там? Аутизм?

Я проработала в этой больнице еще десять лет.

Джон менялся в лице каждый раз, когда видел меня. Он ничего не мог с собой поделать.

Бат-мицва Софии

Два слова о событии, из-за которого я поехала в Израиль именно сейчас. Это Бат-мицва — церемония, отмечающая совершеннолетие моей внучки Софии. У Софии аутизм, и она учится в специальной школе. Меня потрясло, насколько серьезно школа готовила Софию и других особых учеников к этому событию. Занятия проводились сверх учебной программы с дополнительными учителями. У каждого участника был свой красочный Сидур (молитвенник) с упрощенными вариантами соответствующих молитв и благословений.

Было видно, как волновались учителя, логопеды и другие сотрудники школы за своих подопечных. Это было важно не только для семей учеников, но и для них самих.

Церемонию проводил замечательный раввин, выходец из Аргентины, а помогала ему пожилая женщина из конгрегации. Сначала я подумала, что она тоже раввин (а может, так и было, не знаю). Школа арендовала зал в синагоге для этого мероприятия. Церемония проводилась для четырех участников — трех мальчиков и нашей Софии. Мальчикам исполнилось по 13 лет, а Софии — 12. Каждый участвовал в церемонии по своим возможностям, но искренне! София произнесла все положенные молитвы и вышла к свитку Торы. Не стану даже пытаться описать свои чувства. Потом все танцевали и пели. В конце церемонии все четверо получили дипломы и школьный альбом с фотографиями и добрыми пожеланиями. Церемонию снимал профессиональный фотограф, чтобы у всех семей остались видео и фотографии. Я, конечно, тоже фотографировала. После торжества было угощение.

В бытность свою детским неврологом и специалистом по аутизму я говорила родителям своих пациентов: «Вы делаете Божью работу». Я действительно так думаю. Такие же чувства я испытала на этом празднике в отношении Софииной школы. Это Израиль.

От Ашкелона до Загреба
Зарисовка с натуры

— Катюш, привет! Как дела? Что вы сегодня делали?

— Все нормально. Ходили кормить птичку и рыбок.

— В зоопарк, что ли?

— Какой зоопарк! Просто Дима в Загреб уехал.

Я последние пару недель плохо соображаю, а то бы подумала, что это закодированное послание для израильской разведки.

К счастью, я знаю, что у Кати есть друг, назовем его Дима.

Дима — ветеран Второй Ливанской войны, в ноге у него сидит металлическая пластина, и из армии он списан подчистую. У Димы есть бабушка восьмидесяти пяти лет, которая очень плохо переносит постоянные бомбежки (с чего бы это?). Живут они вместе, недалеко от Кати.

Дима сильно привязан к своей бабушке (всем бы нам по такому внуку), боится, что какую-нибудь бомбежку бабушка таки не перенесет и решает временно отвести её в более спокойное место.

На несколько недель, по размеру своего отпуска на работе.

Катя садится за компьютер и снимает маленькую двухкомнатную квартирку в Загребе. Не то чтобы Диму с бабушкой интересуют красоты Хорватии, но это оказывается дешевле всего. И рейс прямой.

Всё вроде нормально, но за пару дней до вылета им звонят из авиакомпании и сообщают, что в Загреб они больше не летают, но могут подбросить до Вены. Катя снова шарит в интернете и снимает гостиницу на одну ночь в Вене, а заодно находит и железнодорожные билеты от Вены до Загреба. Однако, прямого поезда от Вены до Загреба нет и нужно сделать пересадку. Интервал между поездами семь минут. О том, как Дима без английского или немецкого, но зато с восьмидесятипятилетней бабушкой справляется с этим заданием, лучше даже не думать.

В результате мы имеем Диму с бабушкой в Загребе, а Катю — в Ашкелоне, где они с Софией ежедневно кормят Димину птичку и рыбок по расписанию.

Глазами собаки

Однажды мы были в Нью-Йорке на вернисаже современной русской живописи в галерее со скромным названием «MORA», которое расшифровывается как «*Museum of Russian Art*» («музей Русского искусства»). Работы одной художницы, Изабеллы Глаз, привлекли мое внимание. Особенно долго я простояла около одной картины, на которой была изображена какофония жизни. Невероятно, как много всего смогло уместиться на небольшом по размеру полотне. Называлась картина «Глазами кота». Я люблю кошек, они всегда жили в нашем доме, да и сейчас у нас есть кот, который проводит на улице почти столько же времени, сколько дома.

Моя приятельница познакомила меня с художницей, и мы провели пару минут в беседе среди круговорота вернисажа. Мне хотелось приобрести эту картину, но Юра почему-то не проявил интереса. Я простодушно подумала, что он не видит в нашем доме места, где её можно было бы повесить. Вот тогда-то я могла бы что-то заподозрить. Ведь он обычно, когда мне что-то очень нравится, бросается покупать, и мне приходится его удерживать. А тут он промолчал, и картину купил кто-то другой.

Настал мой день рождения, и в нашем доме появилась другая картина — та, что сейчас перед моими глазами. Написала ее та же художница, и называлась она «Глазами собаки», а точнее, «Глазами Белки», потому что именно так зовут мою любимую собаку. Вот она справа — тихо наблюдает за течением нашей бурной жизни.

Я просто ахнула. Как могла художница, которая видела меня один раз мельком, среди многочисленных посетителей шумной выставки, вот так вникнуть в мой характер и жизнь?

Вот она я на картинке — и глазки мои, и шляпка красная любимая и божья коровка, тоже любимая, на ладони. Тут и Катька в глубоком детстве с книжкой, и Надя в копне серебряных волос и со скрипкой (она хоть и не играет, но была история, была). И конечно, лев с Белкой. И ангел, который спустился спасти нас четверых в момент Большого Переворота. А может его послал Тот, с дирижёрской палочкой?

И много чего другого. Я даже не удержалась и написала стих. Извините, ценители поэзии, я его сейчас приведу.

На стене висит картинка — нашей жизни там тропинка.
Ангел с неба прилетел — потому, что захотел
К нам спуститься, порезвиться, на трамвае прокатиться,
А в полёте задержался, с чемоданом пообщался,
Познакомил этих с теми — тот поймёт, который в теме.

Наша птичка — это рыбка, к Наде прилетела скрипка.
Та, с концерта, было дело, Оля очень спать хотела.
Белке хочется чихнуть и коровку с Оли сдуть.
Ведь у Оли шляпка есть. А чудес кругом не счесть.

Здесь всегда канун Субботы, пузырьки летят с работы,
И отличница в ладошке собирает знаний крошки.
А другая вертикальна — точно будет уникальна!
Улетит трамвай на небо, принесёт воды и хлеба.
Балеринки под шарманку скачут словно обезьянки.

Там, где Лев собачку пас, пианист играл про нас.
На часах волшебный час — контрабас сыграл про нас.
И само собой про нас возвещает трубный глас.
Ту картинку написала маслом Изабелла Глаз.

На стене висит картинка — нашей жизни там тропинка.

Тут Юра достал и показал мне другое стихотворение. Его написала сама художница. Вот оно.

> С неба ангел к нам свалился
> И его не сбил трамвай,
> Балеринки резво пляшут
> Блям-блям-блям сыграл рояль.
>
> Ностальгирует шарманка,
> Денег просит обезьянка,
> Рыбки в небо уплывают,
> Если кто-то их поймает,
> Все желанья исполняют.
>
> Не у всех желанья есть,
> Можно просто рыбку съесть.
> Дети в темноте гуляют,
> Пузыри себе пускают.
> Девочки-отличницы книжечки читают.
>
> Жак педали крутит, Клода обгоняет.
> Бедный Клод потеет, Жака не догнать.
> Чихуахуа Белка завела будильник,
> Чтобы на прогулку утром не проспать.
>
> Что ещё? Воздушный шарик
> Улетает в никуда.
> Лев, скрипач, брусчатка, рельсы,
> Золотые облака.

Большеглазая красотка
           в красной шляпке смотрит робко,
На ладошке у неё божия коровка.
Фонари зажглись у парка,
Тени синие ползут,
Называется картинка незатейливо:
АБСУРД.

Мика, поздний ребенок

Мы с Юрой на старости лет завели себе ребёнка. Он озорной и непослушный. Он рыжий, пушистый и хвостатый.

Он писает где нельзя и портит вещи. Он капризничает за едой. К нему надо вставать ночью. Его надо купать и причесывать. Мы страшно переживаем, когда он болеет. Наконец, мы тратим на него кучу денег. В общем всё, как положено. Спрашивается зачем? Зачем нам это надо?

Люди заводят собак для защиты, охраны своего имущества, охоты, заработка. Но чаще всего — во всяком случае в нашем окружении — заводят их для любви. Чтобы любить их и они любили тебя.

Как и всякие родители, мы бесконечно восхищаемся своим малышом.

— Посмотри какие у него ушки! А глазки!
— Как он улёгся на спинку!
— Он залез в таз с водой!
— Он уволок мой носок! И так далее.

Нам не надоедает.

При этом мы дружно умиляемся. Как будто бы другие щенки не ложатся на спинку и не воруют носки.

Мы чаще улыбаемся и чаще смеёмся. И даже хохочем. Это происходит обычно когда ребёнок бросается на нас с поцелуями.

Да-да, именно так. Целоваться его научила Надя, которая прочно заняла место старшей сестрицы.

— Мика, поцелуй! Надя вытягивает губы трубочкой.

Мика подпрыгивает и целует её прямо в губы — носом и язычком. И должна сказать, что у него очень хорошо получается. Как говорит Надя: «*He is a very good ki*sser».

В общем, свою задачу донора и акцептора любви Мика выполняет великолепно.

В нашей семье уже была большая любовь. Крошечная чихуахуа Белка. Она ушла от нас этим летом после двенадцати лет непрерывного счастья. Мы похоронили её возле дома, в её любимом гнезде и с любимым мячиком, и посадили над ней кустик. Весной он покроется белыми цветами. Человеку почему-то нужны такие вещи.

Испытываю ли я какие-нибудь угрызения совести по поводу того, что мы так быстро завели другого ребёнка? Ни секунды! Белкино место в моей жизни и в моём сердце никогда не будет занято. Оно принадлежит только ей. Просто появилось новое окошко. Кликнешь на это окошко — а там Мика! Кликнешь на то окошко, а там Белка.

После того, как Белка покинула нас, я много думала, почему собачий век так короток. В чём смысл этих расставаний, иногда несколько раз за жизнь. Не с биологической, а, если хотите, с сакральной точки зрения.

Мне думается, что боль расставания есть наша расплата. Не может быть, чтобы человеку ничем не надо было платить за беззаветную любовь и преданность, которая попросту падает на нас с неба. В виде лохматого, гладкого, большого, маленького, хитрого, простодушного, рыжего, чёрного, серо-буро-малинового и всякого другого существа, имя которому собака.

Мика-Фиолетовая нога

Знакомьтесь: Мика-Фиолетовая нога. Ему всего два месяца, и у него перелом ноги.

Несчастный случай, неудачное приземление. Наша первая травма, очень хотелось бы, чтобы последняя. Левая передняя лапка, лучевая кость.

Недавно мы беседовали с дочкой Надей о высоком. Я рассказывала Наде о дедушке и его еврейской семье, где разговаривали на идише. В детстве папа часто говорил мне: «У меня на тебя *рахмунес*». Ну да, я была худенькая, зелёненькая и болезненная, но мне всегда казалось, что папа имел в виду что-то большее, чем просто жалость. Потом я узнала ивритское слово «*рахамим*» — милосердие, и картина сложилась окончательно. А когда родились свои дочки, я поняла, что для меня *рахмунес* — это любовь, смешанная с жалостью в равных пропорциях и приправленная виной и болью от собственной беспомощности.

Дальше наша с Надей беседа плавно перешла на собак. Мы смотрели на нашего шустрого и весёлого Мику и вспоминали покойную Белку.

Знаешь, у меня на неё был постоянный *рахмунес* — сказала я Наде. — Она была такая неправдоподобно крошечная, а в последние два года ещё и сильно болела. Да и начало жизни ей досталось нелегкое. А вот на этого юного товарища нет никакого *рахмунеса*, только любовь, веселье и восторг. Я не была уверена, что передала словами своё ощущение.

А вчера случилось то, что случилось.

И вот возвращаемся мы с Микой из больницы, где провели часов шесть. У Мики фиолетовая лапа наперевес, на шее прозрачный воротник, а сам сонный и обалделый от всех процедур. И встречает нас Надя с готовым ужином, но в полном раздрызге чувств. И сидим мы втроём вокруг него кружочком, горюем, и вдруг Надя говорит:

Мама, у меня на него такой *рахмунес*!

Теперь заживление лапки пойдёт быстрее.

Я знаю, я доктор.

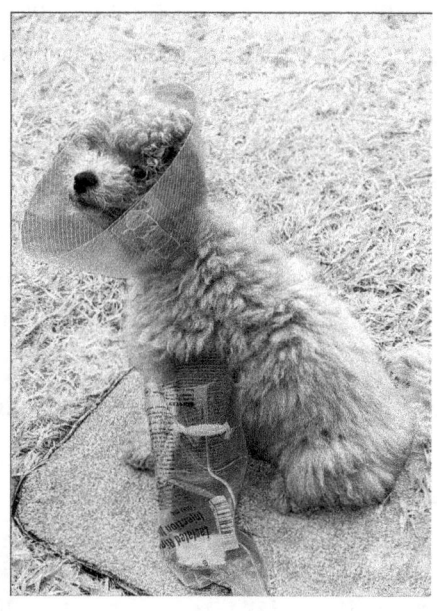

Встреча

Недавно мы уезжали в отпуск и оставили Мику нашим друзьям на постой. Тут некоторые спрашивают, как он нас встретил, не обиделся ли мальчик, что его покинули на целых две недели, не забыл ли?

Мы вернулись домой около полуночи. Обратная дорога из Израиля оказалась очень тяжелой. Самолет летел двенадцать часов, кругом кашляли и плакали многочисленные дети, и в результате мы не спали целые сутки.

Часов в шесть утра мы уже сидели рядышком на диване и глядели в окно, поджидая Мику, которого добрая подруга планировала привести рано утром.

Дверь была открыта.

Надо ли говорить, что через пять минут мы оба отрубились. Я проснулась от Юриного возгласа: «Пришли!»

Уровень моего сознания можно оценить хотя бы по тому факту, что я попыталась схватить на руки собачку подруги, на Мику ну совсем не похожую. Подруга потом сказала мне, что собиралась попросить, чтобы кто-то из нас подбросил ее и ее собачку домой на машине (они пришли пешком) — это буквально пять минут. Но посмотрев на нас, решила, что пешком безопаснее и быстро ретировалась.

Мика тем временем вскочил на Юру (а он это умеет) и буквально толкнул его всеми четырьмя лапами в глубокое кресло. Совсем как в кино, в страстной любовной сцене. Звуковое оформления состояло из Микиного восторженного визга вперемешку с Юриными возгласами типа: «Мика, не надо лапой в рот! Мика, отпусти! Мика, ну зачем же зубом в ноздрю, пирсинг мне не нужен!» и тому подобными.

Мика бегал по всему Юриному организму и вибрировал от счастья. Его лапы и хвост мелькали под самыми удивительными углами.

Я сразу вспомнила бессмертного Вождя краснокожих О'Генри: «Силы мои уже не те, но до канадской границы добежать успеете».

Наша «канадская граница» оказалась в спальне. Юра с Микой в обнимку плюхнулся на кровать и коварно подтолкнул его в мою сторону.

Ну что тут можно сказать! Последний (и единственный) раз я так безудержно хохотала лет сорок назад, когда юный и никому тогда не известный Витя Шендерович читал нам с Юрой свои пародии на некоторых поэтов. Я тогда хохотала и обливалась слезами от смеха, а Юра записывал это действо на старенький магнитофон. Это было счастье. С тех пор никто не мог вызвать у меня такой поистине счастливый хохот. До того утра, когда соскучившийся Мика решил со мной хорошенько поздороваться.

Позвольте мне теперь опустить занавес над этой деликатной сценой, все равно ее невозможно описать словами.

А теперь я хочу спросить вас, уважаемые читатели: обиделся ли на нас пудель Мика?

И вдогонку: умеет ли пудель Мика обижаться?

Мика и Львы

Последнее время мы живем вчетвером: муж Юра, дочка Надя, щенок Мика и я. Задумали тут Львы (Юра и Надя) поехать на слет КСП. Я на КСП больше не езжу. Там для меня слишком шумно и толпливо.

Микино же присутствие на КСП пока не рассматривается.

В ночь накануне отъезда Юра усердно трудился, упаковывая палатки, спальные мешки, тенты и другое разнообразное имущество, так необходимое современному человеку для ночёвки в лесу. Надя в срочном порядке заканчивала заявку на грант, которую необходимо было подать вчера. Из её комнаты периодически доносились возгласы типа: «Папочка, я так хочу тебе помочь» или «Я всё своё соберу сама!» Я же, накормив ужином Львов, забралась в постель, и Мика пошёл со мной.

Утром время уплотнилось, и атмосфера сгустилась. Юра заявил, что тронуться надо непременно в 12 часов, и принялся загружать машину. Надя вытащила из сушки вещи, постиранные и высушенные ночью и стала их засовывать в маленькую сумку. Я металась между ними двумя, пытаясь овладеть их вниманием и показать собранные мной упаковки с гигиеническими принадлежностями, полотенцами, походной аптечкой и разными другими мелочами. Заметьте при этом, что овладеть вниманием Львов и в обычное время не просто. Да и силы мои уже не те.

Мика, которому не нравилась суматоха, бегал за мной и звонко лаял.

В общем, звуковое сопровождение выглядело примерно так:

— Эти стулья не влезают в машину, она уже полна!

— Надя, ты померила, наконец, туристические ботинки?

— Гав-гав-гав!

— Мамочка, большое спасибо, но ты мешаешь мне сосредоточиться на сборах, мы с тобой потом поговорим!

— Гав-гав!

— Где мой кофе, кто видел мой кофе?

— Гав!

— Мика, зачем ты утащил Муми-Тролля? И еженедельник тоже отдай!

— Гав-гав! Р-р-р-р!

— Я же налила себе чашку кофе, куда она делась?

— Ты её, наверное, выпила!

— Надя, ты готова?

— Мамочка, мне нужен походный кондиционер для волос и лекарство от тошнилок! А тайленол у меня уже есть!

— Оля, ты положила мою подушку?

— ????

Тут мне припомнился день, который невозможно забыть. День нашего отъезда из СССР. Часа за два до прихода машины, когда чемоданы были уже собраны, Юра вдруг спросил, собрала ли я его письменный стол со всеми бумагами и записными книжками!

— А где Мика? Что-то его не слышно.

— Мика, Мика, где ты, Мика! Мы в панике забегали по комнатам друг за другом.

Мика обнаружился на улице. Он молча сидел на площадке перед домом соседей и, судя по виду, недоумевал, как он сюда попал.

Надя схватила Мику в объятия и сказала, что никуда не едет, а будет сидеть и стеречь ребёнка, так как безответственные родители могут за ним не усмотреть, он убежит, попадёт под машину, его украдут, он заблудится и прочие страсти. Насилу удалось её успокоить.

Потрясённый своей храбростью, Мика заснул прямо на полу.

В одиннадцать утра я решила пожарить Львам котлетки. Какая же еврейская мать отпустит родных в лес без свежих котлеток?

Без пяти минут двенадцать Юра сказал, что ему нужно в душ.

— Ты же хотел в двенадцать выехать?!

— Я быстро!

Надя заявила, что она тоже хочет в душ или в крайнем случае будет пить чай.

В какой-то момент я упала на диван с Микой на руках и сказала, что больше с него не встану.

И вот долгожданный момент настал!

— Мамочка, иди сюда, я тебя поцелую!

— Не могу, я на диване!

— Ну тогда я к тебе. Но я уже в ботинках. Я на цыпочках.

И Надя в больших ботинках, но на цыпочках протопала ко мне и стала меня целовать.

— А теперь Мику.

Мика тоже досталась своя порция поцелуев.

— Ну вот, — подумала я, — сейчас попрощаюсь с Юрой, и они наконец тронутся. Однако Юра прямо из душа мимо всех протопал к машине и сел за руль. По-моему, он был в состоянии умопомрачения. Я решила его не отвлекать и осталась созерцать пейзаж после битвы.

А часа через три нашёлся и мой кофе. В микроволновой печке.

Пейзаж после битвы*

Телефон звякнул и принёс мне неожиданное сообщение

Это было письмо от мамы пациента. Вообще-то таких посланий я получаю множество, но обычно они приходят по рабочим каналам. Я стараюсь свой телефон пациентам не давать, оберегая драгоценное личное время. Исключения делаются только если пациент — ребёнок сотрудника, а это был именно такой случай. Строго говоря, пациент был уже не ребёнок, а молодой человек двадцати с лишним лет и его давно вёл взрослый врач.

Мама писала, что узнала о моем предстоящем уходе на пенсию, благодарила за заботу и выясняла, не собираюсь ли я открыть частную практику. Я написала вежливый ответ, а насчёт практики прямо сказала:

— Нет. Ни частной практики, ни «полставки» (part time), ни консультаций, ничего. Я действительно ухожу на пенсию.

Ответ был отправлен, но у меня осталось какое-то странное послевкусие. Не прозвучал ли он слишком резко? Если так, то это очень нехорошо. Мама пациента никак не виновата в моих сложных отношениях с моей профессией.

Мне вспомнился один давний разговор с моим

другом детства и бывшим коллегой М. Он сильно преувеличивал мои заслуги перед американской медициной. Сам же он, почти двадцать лет проработав в хирургии и будучи кандидатом наук и ведущим специалистом в своей области, на пике карьеры вдруг все бросил и ушёл в художественную фотографию. Мы были знакомы с детства, наши родители тоже дружили, и я знала, что он всегда мечтал быть хирургом, как его замечательная мама. Все его мягкие игрушки были прооперированы и тщательно зашиты.

— Слушай, — сказала я ему — в медицину я пошла по настоятельному совету папы. Я никогда не хотела быть врачом. Я хотела быть учителем. Да и способности у меня самые что ни на есть гуманитарные.

Мой друг этого не знал — после школы наши пути разошлись и снова пересеклись сравнительно недавно.

Моё признание его поразило.

— Понимаешь, — попыталась объяснить я, — профессия — это как брак. В моём случае «мужа» дочке подобрали родители. Их задача была обеспечить девочке безопасность от режима — насколько это было возможно — и относительную материальную независимость. А любовь — ну что ж. Стерпится — слюбится. Надо сказать, что их план принёс свои плоды. Все одиннадцать лет отказа я работала по специальности. Будь я учителем, такое бы вряд ли удалось. И здесь, в Америке, моя профессия принесла нам достаток и престиж. А любви не получилось. Я вложила в этот союз все свои способности, уважение, верность и тяжелый труд. Ты же, друг мой, выбрал профессию по любви. А потом случилась другая любовь. Так что тебе повезло, ты любил дважды.

Но М. не унимался.

Чепуха! Ты прекрасный врач. Ты в своём Нью-Джерси каждый раз попадаешь в категорию Лучшие Врачи по своей специальности, уже лет десять, верно?

Больше. А вот это никак не связано. Я люблю и умею учиться и мне нравится, когда от моих знаний есть польза. И у меня гипертрофированное чувство ответственности. В сочетании это делает меня хорошим врачом. Я тоже все свои обязательства в нашем «браке» с медициной выполнила. Один только раз попыталась сбежать, переквалифицироваться в учителя, когда мы приехали в Америку. Но мне не дали.

На этом тот разговор закончился, но мысленно я не раз возвращалась к нему. Среди моих друзей и подруг врачей не было ни одного, кто бы пошёл в медицину «по расчёту». Все они сделали это из истинной или воображаемой любви к профессии или романтизма. Да и в моём мединституте и в моей группе все страстно хотели учиться именно там. У меня есть подруга, детский врач, — моего кстати возраста — которая каждое воскресение испытывает «*Sunday Blues*» наоборот. Она уже места себе не находит — так ей хочется, чтобы наступил понедельник, и она могла бежать к своим больным деткам.

Сразу оговорюсь — эти мои заключения распространяются только на моих соотечественников и только на мой личный опыт. На широкие обобщения я не претендую. Может, у разноплемённых американских врачей из Индии, Пакистана, Филиппин и других стран мотивация другая. А может быть и нет. Да и с местными уроженцами я на эту тему не откровенничала, мы все больше на профессиональные темы.

Много лет я чувствовала себя неуютно, будто я самозванка, незаконно занимаю чьё-то место, и меня вот-вот разоблачат. Но в основном работа так поглощала и время, и силы, что не оставляла места для рефлексии.

В конце концов, решила я, в континууме Работа, Карьера, Призвание (*Job, Career, Calling*) у меня определённо карьера: социальный статус, непрерывный профессиональный рост, ненормированная затрата времени и сил, высокая зарплата. И успокоилась.

Правда, опасалась обсуждать все это в публичном пространстве. Врач, который не любит свою профессию? Что значит «уважает и делает хорошо?» Это не считается! Какой ужас! Это ещё хуже, чем женщина, которая не хочет детей, чайлдфри! Ату её, ату!

Что бы я сделала, если бы стала полноценным гуманитарием?

Создала бы классный учебник, поднялась до востребованного литературного переводчика, написала бы диссертацию по литературе фэнтези с какой-нибудь новой концепцией?

Вряд ли. Карьерная линия, переломанная в середине жизни эмиграцией, по-моему, не даёт большинству гуманитариев подобных возможностей. А вот вернуться к врачебной деятельности удалось (слава богу, Америке вечно не хватает врачей).

Была бы я счастливее в своей работе? Возможно. А может быть и нет. Может, меня постигло бы профессиональное разочарование, а это, наверное, очень больно — как развод или утрата любви.

Та параллельная вселенная мне недоступна.

Зато теперь я хорошо поняла почтальона Печкина: «Я может, только жить начинаю — на пенсию перехожу...»

*Для юного поколения: так называется фильм замечательного польского режиссёра Анджея Вайды.

Девочки и мироздание

Разговариваю я сегодня утром с Катей. Она при этом сидит в ванной и кажет мне прекрасный лик и мокрые плечики. Говорим мы обычно про семью, Ашкелон, израильскую политику, всякие другие релевантные новости и вообще про мироздание. И вдруг:

Сирена: У-у-у-у-у!

Катя: Блин! (Исчезает из кадра и через секунду возникает в купальном халате).

Ракета: Бум, бум! (очень громко)

Железный купол: Тах, тах (чуть тише).

Катя: София, иди-ка ты сюда (выходят в коридор вместе с компьютером).

Я: София, шалом.

София: Шалом.

Я: Ани охвет атах (я тебя люблю).

София: Показывает мне пальчиками сердечко.

Ракета: - Б-у-у-м!

Железный купол: Тах!

Мироздание: молчит.

Мироздание: снова молчит.

Катя (подходя к окну и глядя вверх): Черного дыма нет, все спокойно. Давай-ка мы тебе лучше поиграем.

София- садится за инструмент.

Мироздание: Звучит полонез Огинского в Софиином исполнении.

Молитва

Господи, я уже умудрена годами и мне есть на что оглянуться. Мне очень повезло.

Я благодарна за многие дары, которые Ты мне послал. Ты решил сотворить меня женщиной и мне это очень подходит.

У меня было счастливое детство и счастливое материнство. У меня были замечательные родители и у меня есть чудесный брат.

Ты послал мне дар любить и моего любимого.

Ты дал мне замечательную возможность быть полезной другим людям.

Моя жизнь была полна трудностями и тяжёлой работой и, надеюсь, мои стенания были не слишком громкими.

В моей жизни были тяжелые утраты, и я старалась, чтобы моё горе не слишком отравляло жизнь другим. Боюсь, у меня это плохо получалось, но в конце концов я постигла ценность смирения.

В старости Ты не окружил стайкой внуков, с которыми я наряжала бы елку и зажигала Ханукальные свечи, встречала из школы и кормила котлетками. Наверное, есть в этом какой-то замысел, но я его так и не поняла.

Ты послал мне других маленьких ангелов, чтобы любить и заботиться о них.

Я грешила ложью, завистью и равнодушием.

Я могла делать больше для своих родных и сильнее сострадать ближнему. И с Тобой я хотела бы быть ближе.

Некоторые грехи я поборола, а другие нет.

Ты, Господи, знаешь, что у человека всегда есть, что еще попросить. Ты его сам таким создал.

Пусть все, кого я любила, будут здоровы и в мире с собой.

И самое главное:

Прошу Тебя о нас двоих и о себе одной. Я знаю, что прошу очень, очень многого, но не могу удержаться.

Позволь мне и моему любимому уйти из этого мира, не потеряв разум и избежав мучений.

Но разреши мне уйти первой, чтобы Твой прекрасный мир не стал для меня печальным, тусклым и ненужным.

Посвящается всем членам моей семьи, которые со мной и которых, увы, уже нет.

Хочу выразить мою глубочайшую признательность всем причастным к публикации этих скромных рассказов. Это Павел Мостинский, Виктор Шендерович, Татьяна Плетнева, Надя Лев.

И — самое главное — моя огромная благодарность мужу Юрию Льву, который сделал львиную долю работы в прямом и переносном смысле. Без него эта книга никогда бы не увидела свет.

Ольга Гольдфарб Лев

www.ingramcontent.com/pod-product-compliance
Lightning Source LLC
Chambersburg PA
CBHW050244010526
44107CB00003B/176